Weltreise DEUTSCHLAND

Die ganze Vielfalt vor der Haustür

KUNTH

Inhalt

4

Deutschland, ein Reisemärchen

Seitdem das Reisen zeitweise zur Herausforderung geworden ist, wissen wir zu schätzen, dass Weltreisen auch möglich sind, ohne Deutschlands Grenzen zu überschreiten.

Manch deutsche Landschaft erinnert an norwegische Fjorde, toskanische Weinberge, provenzalische Lavendelwiesen, japanische Kirschblütenalleen, holländische Tulpenfelder, chinesische Karstberge oder kanadische Ahornwälder.
In Deutschland gibt es Zeugnisse der Römerzeit, auf die selbst die Ewige Stadt neidisch werden könnte. Gotische Kathedralen stürmen den Himmel wie im Norden Frankreichs, ockerfarbene Barockkirchen bezaubern wie in Italien. Auch in Deutschland leuchten die goldenen Kuppeln russischer Kirchen, faszinieren maurische Pavillons, und sogar Thai-Tempel und chinesische Pagoden gibt es hier.
Wir genießen italienisches Dolce Vita mit Aperol Sprizz und dem Himmel voller Geigen, erleben französische Momente mit Crêpes und klackernden Boulekugeln, machen mit Gözleme und Baklava einen kulinarischen Ausflug in die Türkei, reisen mit Tapas und Pintxos nach Spanien und lernen

mit duftenden Zimtschnecken dänische Hygge kennen. Wir lassen uns von einer griechisch-orthodoxen Ostermesse ergreifen, schnuppern mit Football, Blues und NASCAR-Rennen am American Way of Life, erlernen das Spielen von Sitar und Didgeridoo, tanzen Flamenco, Salsa, Samba, Reggae und Tango, spielen Rugby wie die Kiwis oder Cricket wie die Engländer, lauschen mexikanischen Mariachischnulzen, jüdischer Klezmermusik und indonesischen Gamelanklängen. Wir gehen mit Alpakas wandern, zelebrieren englische und marokkanische Teezeremonien, bewundern die japanische Kirschblüte in Bonn und die mediterrane Mandelblüte in der Pfalz, praktizieren chinesisches Tai-Chi, ziehen mit Huskyschlitten durch die Schneelandschaften des Bayerischen Walds. Wir feiern in Coburg mit Brasilianern, in Wismar mit Schweden, im fränkischen Schwabach mit Griechen, am St. Patrick's Day mit Iren und im sächsischen Trebsen mit Schotten. Und wir halten inne beim Anblick finnischer Singschwäne, schwedischer Graugänse, polnischer Kraniche und holländischer Flamingos, die im Winter bei uns zu Gast sind. Wie fast die ganze Welt – und zwar zu jeder Jahreszeit.

أهلا و سهلا

Ählam wa sählam

ÄGYPTEN

»Ich will nun ausführlich von Ägypten erzählen, weil es mehr wunderbare Dinge und erstaunliche Werke enthält als alle anderen Länder.« Diese Zeilen stammen von Herodot, dem griechischen Geschichtsschreiber, der schon vor 2500 Jahren das Land der Pharaonen besuchte. Da war Nofretete, deren zeitlos schönes Gesicht heute Besucher aus aller Welt auf der Berliner Museumsinsel verzaubert, schon fast tausend Jahre alt. Auch München und Hildesheim besitzen faszinierende Sammlungen altägyptischer Kunst. In Berlin und Köln kann man sich kunstvolle ägyptische Muster mit rotbraunem Henna auf die Haut malen lassen: Ebenfalls zeitlos schön, allerdings vergänglich.

MUSEEN IN BERLIN, HILDESHEIM, MÜNCHEN

Die Schöne und das Flusspferd

Endlich ist sie angekommen, die aus Kalkstein und Gips gefertigte Büste der Nofretete, Gemahlin des Pharaos Echnaton, welche im 14. Jahrhundert v. Chr. in Ägypten lebte. 2006 zog sie auf die Museums-insel in Berlin – zunächst ins Alte Museum, wo sie in Gesellschaft der griechischen Thronenden Göttin von Tarent ausharrte, bis sie in die Ägyptische Sammlung überwechselte. Nun genießt die fast 3700 Jahre alte Schöne die Gesellschaft anderer nobler Herrschaften aus der Amarna-Zeit. Weitere erlesene Schätze aus der Pharaonenzeit, die überwiegend vom Pyramidenfriedhof von Gizeh stammen, besitzt das Roemer- und Pelizaeus-Museum in Hildesheim. Highlights sind Stelen aus der Ramessidenzeit (13. Jahrhundert v. Chr.), die Kultkapelle des Gottes Osiris-Pavian aus Tuna el-Gebel (um 300 v. Chr.) sowie der Sarkophagdeckel des Nachtnebef. Das dritte große Museum ist das Staatliche Museum Ägyptischer Kunst (SMAEK) in München. Über 6000 Jahre alt sind die Skulpturen von Flusspferden aus prädynastischer Zeit (um 3200 v. Chr.), weitere erlesene Stücke sind Bildnisse verschiedener Pharaonen, eine Sargmaske der Königin Satdjehuti und ein Kelch mit der Namens-aufschrift Thutmosis' III., das älteste Glasgefäß der Welt (1450 v. Chr.).

FERAY ÇELIK, BERLIN UND SAMAS HENNA ART, KÖLN

Kunst aus der Tube

Schon im alten Ägypten wurden mit dem rotbraunen Farbstoff, der aus den Blättern des Hennastrauches (Lawsonia inermis) gewonnen wird, Haare, Nägel und Finger mit kunstvollen Mustern gefärbt. Frauen, die in Deutschland auf eine ägyptische Hochzeit eingeladen werden, lernen die »Henna-Nacht« kennen: Einen Tag vor der eigentlichen Feier trifft sich die Braut mit ihren weiblichen Verwandten und Freundinnen, und alle verzieren sich die Handflächen und Finger mit Henna. Das Rotbraun der Farbe steht für Fruchtbarkeit, große Liebe, viele Kinder und Wohlstand. »Natur Henna« (www.natur henna.com) liefert nur das seit Jahrtausenden verwendete natürliche braune, selbst angemischte Henna. Diese Paste aus Wasser und Hennastrauch-Pulver wird auf die Haut aufgetragen, nicht gestochen. Wer schwarze Farben liebt, greift zu dem auf Früchten basierenden Jagua Gel. Sehr kunstvolle Henna-Verzierungen und Workshops für angehende Hennakünstlerinnen bieten unter anderem Feray Çelik in Berlin (www.feraysbeautybar.de) und Samas Henna Art in Köln (www.samas-henna-art.com) an.

HÖXTER-BRENKHAUSEN, WALDSOLMS-KRÖFFELBACH

Das Vermächtnis der Kopten

Vieles verdanken wir den Ägyptern – in gewisser Weise sogar den Weihnachtsbaum. Die alten Ägypter schmückten als Symbol für ein vollendetes Jahr eine zwölfgliedrige Palme, da ihr pro Monat eine neue Verästelung wächst. Der Brauch des Baumschmückens soll dann über das antike Rom zu den Christen Mitteleuropas gekommen sein. Von dort wiederum übernahmen die ägyptischen Kopten, denen der heilige Evangelist und Märtyrer Markus im 1. Jahrhundert das Christentum gebracht hatte, die Weihnachtstanne. Apropos Kopten: Die christliche Minderheit findet man nicht nur in Ägypten. Auch in Deutschland gibt es einige koptische Gemeinden sowie zwei koptische Klöster. Wer also Ägypten einmal von einer anderen Seite kennenlernen möchte, kann in Höxter-Brenkhausen und Waldsolms-Kröffelbach vorbeischauen. Beide Klöster sind Gästen gegenüber sehr aufgeschlossen und geben gerne Einblicke in die Traditionen und das Leben der Kopten.

Mehr als nur tanzende Bäuche

Was hierzulande als Bauchtanz bezeichnet wird, besitzt seinen Ursprung in Ägypten und wird dort Raqs Scharqi, »Orientalischer Tanz« genannt. Und dieser Name erscheint auch wesentlich passender, denn natürlich bewegt sich bei dem Tanz der ganze Körper – nur in der westlichen Welt wird der Tanzstil in Filmen oder Musikvideos oft auf den Bauch und die Hüfte reduziert. Die sinnlich-eleganten Bewegungen und die traditionellen Kostüme entführen direkt nach Ägypten. Wer das einmal selbst ausprobieren möchte, findet in zahlreichen deutschen Tanzschulen und -studios Kurse dazu. Und wer erst einmal nur zusehen möchte, kann sich nach Terminen von Aufführungen umsehen. Es gibt sogar eine Deutsche Meisterschaft im Orientalischen Tanz.

السلام عليكم

As-salamu alaykum

ARABISCHE HALBINSEL

»Hamma Hummus?« »Hummus hamma!« Dieser lakonische Dialog in einem Münchner Feinkostladen zeigt, dass die arabische Welt längst in Deutschland angekommen ist. Falafel und Shawarma machen dem türkischen Döner inzwischen harte Konkurrenz. Auch in architektonischer Hinsicht setzt der Nahe Osten spannende Akzente. Die Moschee im oberbayerischen Penzberg gilt als besonders fortschrittlich erbaut (Bild), das segelförmige Hotel Atlantic Sail City in Bremerhaven erinnert an seinen großen Bruder – den Burj al Arab – in Dubai. Auch landschaftlich hat man in Deutschland – genauer gesagt in der Nähe von Cottbus – die Möglichkeit, sich ins ferne Arabien zu beamen. Und zwar in der Lieberoser Wüste, der größten deutschen Wüste.

1 PENZBERG

Begegnung der Kulturen

Einen Raum der Begegnung und des Austauschs der Kulturen und Religionen schuf die liberale islamische Gemeinschaft im oberbayerischen Penzberg. Unter der Leitung des Augsburger Architekten Alen Jasarević entstand eine Moschee, die traditionelle islamische Architekturelemente neu interpretiert und gleichzeitig lokale Bautraditionen aufnimmt. Von außen präsentiert sich das 2005 fertiggestellte Islamische Forum als schlichter, quaderförmiger Baukörper aus Jurakalk mit blauer Bruchglasfassade und großen Glasflächen: Geometrie, Transparenz, zeitgenössische Formensprache und lokale Handwerkskunst gehen eine gelungene Symbiose ein. Avantgardistisch mit durchbrochenen Stahlplatten gestaltet ist das Minarett, das kalligrafisch den Gebetsruf darstellt. Das Eingangsportal wurde aus zwei Betonwänden gestaltet, die sich wie Buchseiten öffnen und unter anderem mit einem Teil des Koranverses 49:13 in Deutsch und Arabisch beschriftet wurden. Blickfang im großen Gebetssaal sind die mit sternförmiger Ornamentik verzierten sandgestrahlten Sichtbetonwände, die blau leuchtende, gen Mekka orientierte Gebetswand sowie kontrastierend dazu die golden schimmernde Gebetsnische.

>> www.islam-penzberg.de

2 ATLANTIC SAIL CITY, BREMERHAVEN

Segel setzen in Dubai und Bremerhaven

Ob das berühmte Hotel Burj al Arab in Dubai als Vorbild gedient hat, wissen wir natürlich nicht. Ähnlichkeiten kann das von 2006 bis 2008 vom Bremer Architekturbüro Klumpp Architekten errichtete segelförmige Hotel im Gebiet Alter Hafen/ Neuer Hafen direkt am Weser-Deich jedenfalls nicht verleugnen. Aber schließlich genießen aufgeblasene Segel kein Copyright. Mit Mast 147 Meter hoch, ist es zwar um einiges niedriger als sein Pendant in den Emiraten, und auch die zurückhaltende, maritime Atmosphäre hat nichts mit der goldstrotzenden Opulenz des Burj gemein. Dafür kostet eine Übernachtung auch wesentlich weniger, und der Panoramablick von der Aussichtsplattform auf 86 Meter Höhe auf das Klimahaus Bremerhaven, in dem Besucher auch die Hitze der arabischen Wüsten erleben können, ist nicht von schlechten Eltern.

>> www.atlantic-hotels.de

③ LIEBEROSER WÜSTE

Sand, Sand und noch mehr Sand

Die größte Sandwüste der Erde erstreckt sich über das südliche Drittel der Arabischen Halbinsel und trägt den Namen Rub al-Chali – »leeres Viertel«. Wer sich nicht vorstellen kann, wie es ist, nur von Trockenheit und Sand umgeben zu sein, sollte in die Nähe von Cottbus fahren. Denn dort befindet sich die größte Wüste Deutschlands, die Lieberoser Wüste, 1942 durch einen großen Waldbrand entstanden und später als Truppenübungsplatz genutzt. Heute überlässt man einen Großteil der Wüste sich selbst, sodass man fasziniert beobachten kann, welche Arten an Vegetation sich langsam beginnt, hier anzusiedeln und der Dürre trotzig entgegentritt. Auch einige Tierarten fühlen sich in der Wüste wohl: Allein über 400 Schmetterlingsarten kann man hier finden. Durch Wanderwege ist die Lieberoser Wüste in Teilen erschlossen. Einige Areale dürfen nicht betreten werden, sie stehen unter strengem Naturschutz oder sind aufgrund der Überreste durch die militärische Nutzung zu gefährlich. Aber auch wenn man auf den Wegen bleibt und den bis zu 60 °C heißen Sand spürt, fühlt man sich ins ferne Arabien versetzt.

Datteln + Kaffee = Gastfreundschaft

Es gibt wohl keine andere Frucht, die eine so wichtige Bedeutung auf der Arabischen Halbinsel hat wie die Dattel. Nicht nur ist sie traditionell das Erste, mit dem im Monat Ramadan allabendlich beim Iftar das Fasten gebrochen wird. Auch steht die Dattel für die arabische Gastfreundschaft. Dieser Tradition kann man gerne einmal nachspüren: Lädt man Freunde zu sich ein, heißt man sie mit einer Schale Datteln und Gahwa willkommen. Gahwa, auch einfach als Arabischer Kaffee bezeichnet, wird zeremoniell zubereitet und dieses Ritual gehört sogar zum Immateriellen Weltkulturerbe der UNESCO! Neben dem speziellen Kochen, Filtern und Ausschenken sind vor allem die Zutaten entscheidend. Gahwa wird nämlich ungesüßt serviert, dafür aber – je nach Region – mit Safran, Zimt, Kardamon, Nelken oder Muskat gewürzt. Bereits der Duft holt den Nahen Osten zu uns!

¿Che, qué hace, boludo?

ARGENTINIEN

Die Begegnungen zwischen Argentinien und Deutschland sind nicht nur fußballerischer Natur! Das südamerikanische Land ist hier an zahlreichen Ecken zu finden – man muss nur genau hingucken. Die Hauptrolle dabei spielt der Tango. Milongas, wie man Tangoveranstaltungen traditionellerweise nennt, werden in jeder Großstadt veranstaltet. Ebenfalls typisch argentinisch ist das Asado, eine geradezu heilige Steakzeremonie, die auch in Deutschland mit Genuss zelebriert wird, genauso wie die Matetee-Zeremonie. Und all denjenigen, bei denen erst das Reiten durch die Pampa auf der aus Argentinien stammenden Pferderasse Criollo argentinisches Lebensgefühl aufkommen lässt, wird das Herz in Mecklenburg höherschlagen.

1 DIANATEMPEL, MÜNCHEN
Viva el Tango!

Ein lauer Sommerabend im Münchner Hofgarten, flanierende Pärchen, und plötzlich weht »Por una cabeza«, ein melancholischer Tangoklassiker, über die akkurat angelegten Blumenrabatten. Romantischer kann ein Tänzchen kaum sein als auf dem Mosaikboden des Dianatempels, und die Bayerische Schlösserverwaltung drückt beide Augen zu. Man muss aber den richtigen Tag (Freitag 19:30–22:30 Uhr) erwischen, und regnen sollte es auch nicht, schon deshalb, weil sich um den Tempel oft jede Menge Zuschauer drängen. Die Rituale sind die gleichen wie auf den Plätzen von San Telmo und La Boca: Der erste Tanz gilt dem Kennenlernen, der zweite dem Einfühlen, und der dritte ist dann der wahre Genuss. Am Mittwoch und Samstag wird hier übrigens Salsa getanzt, aber den mag man ja auch in Argentinien. Wo man sonst noch in München Tango tanzt (derzeit besonders gern auf dem Königsplatz), erfährt man bei
>> www.tangomuenchen.de

2 TANGO-MILONGAS, BERLIN
Tango Berlino

Obwohl auch die Finnen geradezu in Tango vernarrt sind, gilt Berlin inzwischen als Tangometropole Europas. Getanzt wird in Tanzschulen und Ballhäusern, Clubs und Restaurants, Fabriketagen und Salons. Im Sommer kommen Tango-Aficionados, also Liebhaber des Tangos, in der Strandbar an der Museumsinsel oder beim Tangofestival am Hauptbahnhof auf ihre Kosten. Bei den sogenannten Milongas, das sind traditionelle Tanzveranstaltungen, lassen sich die geheiligten Rituale des Tangos, »der vertikale Ausdruck eines horizontalen Verlangens«, besonders gut erlernen. Auch wer (noch) gar nicht Tango tanzen kann oder will, wird sich nicht langweilen. Hier kann man das gesamte Repertoire der »cabeceo« (Kopfnicken) genannten nonverbalen Kommunikation studieren. Der direkte Blick eines Mannes in die Augen einer Frau gilt als Aufforderung zum Tanz. Lehnt Sie die Aufforderung diskret ab, ist das aber keinesfalls ein Gesichtsverlust für den Mann! Mehrere Websites informieren über Termine und Lokalitäten der Milongas und Praktika, unter anderem
>> www.milongas-berlin.de und www.hoy-milonga.com/berlin

③ PATAGON HELADOS, MÜNCHEN
Matetee-Eis kiloweise

Wer macht (fast) noch besseres Eis als die Italiener? Keine Frage, die Argentinier, wobei italienische Einwanderer ihre Finger im Spiel hatten. Wer einmal in Buenos Aires war, schwärmt von den Eisdielen Jauja, Persicco und Chungo. Dafür sorgen (auch) die exotischen Beerenarten aus Patagonien, zum Beispiel Calafate-Beeren. Natürlich darf Dulce De Leche nicht fehlen, nach dem Argentinier geradezu süchtig sind: Es gibt den Milchkaramell als Aufstrich, Pudding, Flan, Keks oder Eis. Im Patagon Helados, der ersten argentinischen Eisdiele in München, gibt es das alles – selbstverständlich auch Mate-Eis und die einer beliebten Süßigkeit namens Alfajor nachempfundene Kreation. Unglaublich intensiv schmeckt die Bitterschokolade. Farb- und Konservierungsstoffe sind tabu. Argentinier, die in München wohnen, nehmen das Eis hier – statt Kuchen – gleich kiloweise für eine Freundesrunde mit. Gegründet wurde die etwas versteckt liegende Eisdiele von drei sehr charmanten Argentiniern. Ideal vor oder nach einem Bummel durch den Nymphenburger Schlosspark.
>> Romanplatz 5, München, www.patagonhelados.com

Tee zelebrieren

Nur in Uruguay und Paraguay könnte man jetzt protestieren: Nichts ist argentinischer als Mate und die damit verbundene Zeremonie, die man in jedem Stadtpark von Buenos Aires verfolgen kann. Yerba Mate (Hex paraguayensis) ist mit der Stechpalme verwandt. Sein munter machender Genuss ist in Argentinien ein geheiligtes Ritual. Getrunken wird der ein wenig bittere, mit heißem, aber nicht kochendem Wasser aus einer Thermoskanne aufgegossene Sud fast überall, zumeist im Freundeskreis, aus einem gefüllten Kürbisbecher mit metallenem Saugröhrchen (bombilla), der von Gast zu Gast gereicht wird. Ist die Kalebasse leer, füllt der sogenannte Cebador, also die Person, die den Mate zubereitet, frisches heißes Wasser nach. Der Cebador ist auch dafür zuständig, den ersten Aufguss aufzusaugen, um ihn dann gleich wieder auszuspucken, da er zu bitter schmeckt. Die Gäste fangen mit dem zweiten Aufguss an, der auch noch recht bitter ist. Das legt sich aber beim dritten oder vierten Durchgang. Natürlich kann man die Zeremonie auch in jedem deutschen Stadtpark genießen. Alles Zubehör gibt es online zu kaufen (u.a. bei www.latinando. de/de/mate-tee-zubehoer). Eine große Auswahl an Teesorten gibt's unter anderem bei
>> www.mate-tee.de

4 GUT DALWITZ, WALKENDORF

Reiten wie die Gauchos

Wo ist man in Deutschland mitten in der Pampa? In Mecklenburg natürlich, und das ist garantiert nicht spöttisch gemeint. Auf Gut Dalwitz kommen Hacienda-, zu Deutsch Landgut-Gefühle auf, denn Lucy Gräfin von Bassewitz ist nicht nur für 300 Rinder und 50 Schafe in Freilandhaltung verantwortlich, sondern betreibt die erste deutsche Criollozucht in Deutschland mit 100 Pferden, die für ihre Wendigkeit bekannt sind und daher besonders gern im Polosport eingesetzt werden. Wer auf dem Feriengut Urlaub macht, kann nicht nur echten mecklenburgischen »Gauchos« bei der Arbeit zusehen, sondern sich selbst aufs Pferd schwingen und beim Ein- und Umtreiben der artgerecht im Freiland gehaltenen Rinder mithelfen. Besonders aufregend sind die auf dem Gut ausgetragenen Polocrosse-Turniere: eine Mischung aus dem – in Argentinien extrem beliebten Polo – und Lacrosse. Danach schmecken die Steaks von eigenen Rindern, die natürlich stilgerecht auf argentinischen Holzkohlengrills zubereitet werden, gleich doppelt so gut.
>> www.feriengutdalwitz.de

5 EL GAUCHO, KÖLN

Chorizo, Chimichurri und Co.

Noch heute ist ein argentinischer Asado viel mehr als ein schnödes Barbecue über offenem Holzfeuer: eine kulinarische und soziale Zeremonie, die wenigstens drei Stunden dauert, und für die allein ein Grillmeister (»asador«) zuständig ist. Im Restaurant werden von einem »bife de lomo« oder »bife de chorizo« eigentlich zwei Personen satt. Bei einer »parillada completa« wird die komplette Fleischpalette des Grills serviert. Als nicht ganz kleine Vorspeise isst man »provoleta« (Grillkäse), gegrillte »chorizo« (Wurst) mit einem »chimichurri« genannten pikanten Dip aus Olivenöl, Knoblauch und Kräutern, danach »morcilla« (Blutwurst) und Innereien wie »chinchulines« (Kalbsdärme) und »molleja« (Kalbsbries). In Köln kann man sich authentisches Asado-Flair in den eigenen Garten holen. Das schon 1971 eröffnete argentinische Restaurant El Gaucho bietet Asados, auch Parilladas genannt, nicht nur in den eigenen Räumlichkeiten an, sondern als Catering – natürlich mit echtem großen Holzgrill – für Partys und Feste im Kölner Großraum. Das von El Gaucho importierte Fleisch argentinischer Pamparinder, die nur Gras und Kräuter fressen, wird übrigens nicht tiefgefroren, sondern reift während der knapp zweiwöchigen Schiffspassage, kommt also genau zum richtigen Zeitpunkt auf den Grill.
>> Hohenstaufenring 29–37, Köln, www.el-gaucho.de

G'day mate

AUSTRALIEN

In den 1980er-Jahren sorgten Crocodile Dundee mit seinen coolen Sprüchen (»daaas ist ein Messer«) und die Gruppe Men at Work mit ihrem Song »Down Under« dafür, dass Australiens Sympathiewerte auch in Deutschland durch die Decke gingen. Heute werfen manche Profis Bumerangs fast so perfekt wie australische Ureinwohner, entlocken dem Didgeridoo faszinierende Töne, surfen vor Westerland wie die Aussies, und ja, in Deutschland spielen einige Verrückte sogar »Aussie Rules Football«, das eigentlich eher einer Dauerbalgerei mit undurchschaubaren Regeln gleicht. In den Zoos von Duisburg, Leipzig und Dresden kann man sogar Koalas bestaunen. Nur mit dem Vegemite Sandwich ist das so eine Sache ...

1 GALERIE ARTKELCH, FREIBURG UND COLLECTORS LOUNGE, SCHORNDORF

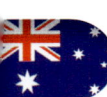

Spuren im Sand

Die Mitglieder der Papunya Community waren die Ersten, die Anfang der 1970er-Jahre damit begannen, die Technik der vergänglichen Sandmalereien zu bewahren. Dies gelang ihnen, indem sie die Sandmalereien, mit denen einst im Verlauf von Zeremonien heiliges Wissen weitergegeben wurde, mit Acrylfarben auf Leinwände zu übertrugen. Die unzähligen getupften Punkte ergeben ein komplexes Bild aus Symbolen – Spuren von Wüstentieren, Wasserstellen, Versammlungsorten – und entwerfen eine Landkarte der Wüste, die von den Wanderungen und Schöpfungstaten eines bestimmten Traumzeitahnen markiert wird. Die Freiburger Galerie »Artkelch« bezieht ihre Bilder von renommierten australischen Art Centres und fördert dabei gezielt junge Künstler. Außerdem führt sie Rindenmalereien aus dem nordaustralischen Arnhem-Land und Holzskulpturen der Torres Straits Islanders. Wechselausstellungen von »Artkelch« sind in der Collectors Lounge bei Stuttgart zu sehen.

>> Wiesenstr. 33, Schorndorf, www.artkelch.de

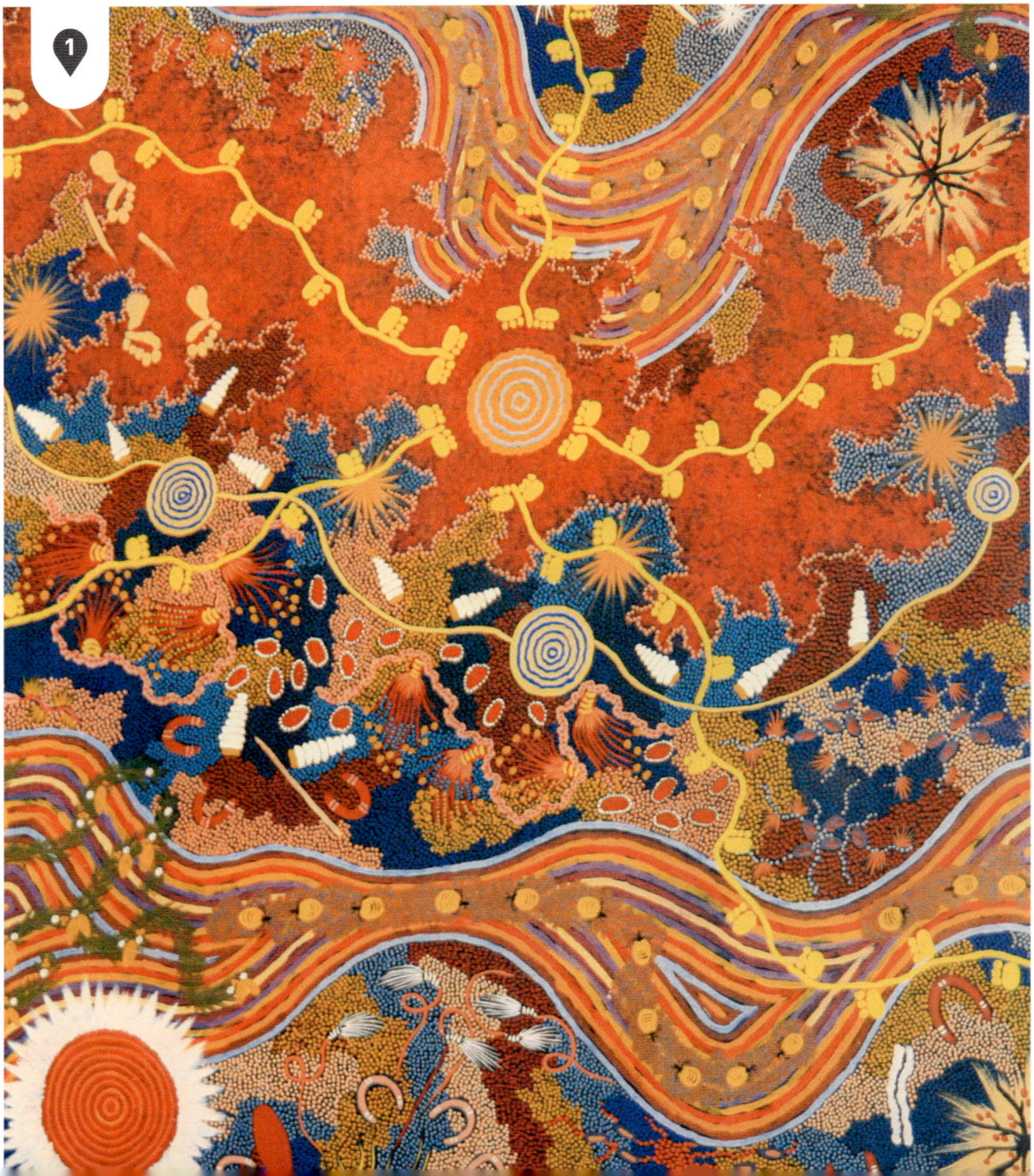

2 DEUTSCHER BUMERANG CLUB, HÜRTGENWALD-HORM

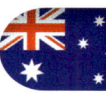

Die ewige Wiederkehr

»Versucht ein Mann einen Bumerang wegzuwerfen« ist der kürzeste australische Witz mit dem längsten Bart. Schon auf 50 000 Jahre alten Felsmalereien ist das Wurfholz abgebildet. Wie man sie wirft, selber baut und vieles mehr vermittelt der Deutsche Bumerang Club. Puristen verschmähen die neumodischen Entwicklungen und greifen ausschließlich zum »natürlichen Ellenbogen«, der aus krummen Ästen geschnitten wird. »Rechtshändige« Bumerangs werden rechts zum entgegenkommenden Wind ausgerichtet, wobei der genaue Winkel von der Stärke des Windes und dem Bumerang selbst abhängt.

>> Dorfstr. 18, Hürtgenwald-Horm, www.bumerangclub.de

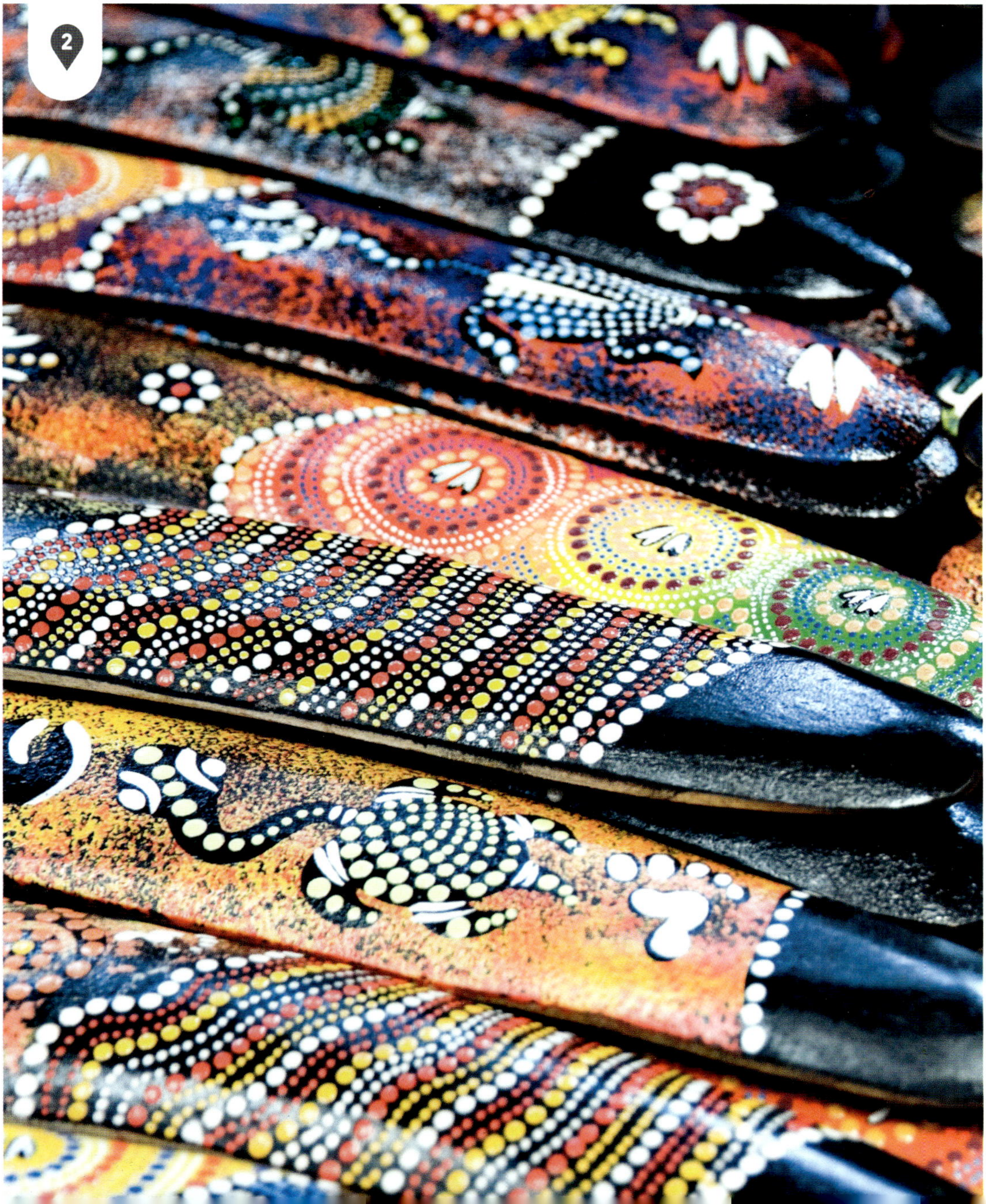

③ MAD MATT'S DIDGERIDOOS, SIEGEN

Vom Tuten und Blasen Ahnung haben

Fast jeder Tourist blamiert sich in Australien, wenn er das erste Mal in ein Didgeridoo bläst und ihm nur heiße Luft oder ein Krächzen entlockt. Doch bald gelingen die ersten Töne und man fängt Feuer. Profis greifen zu den australischen, aus Eukalyptusholz gefertigten Blasrohren, nicht zu den modernen Varianten aus Fiberglas. Für Spezialisten gedacht sind die nur bei »Mad Matt's Didgeridoos« erhältlichen Yidakis. Diesen von den Yolngu im Nord-Ost-Arnhem-Land verwendeten Didgeridoo-Typ muss man vor dem Kauf anspielen, denn der Klang ist höchst individuell. Die oft kunstvollen Verzierungen durch Ureinwohner-Künstler wie Julie Munungurr oder Tracy Nganarra machen das Instrument noch wertvoller. Matthias »Mad Matt« Eder organisiert auch Workshops und Auftritte.
>> Aggerstr. 36, Siegburg, www.didgeridoos.eu

④ WESTERLAND, SYLT

Die perfekte Welle

Deutschlands »Surfer's Paradise« liegt an Westerlands Brandenburger Strand. Ende September treffen sich hier die coolsten Surferbabes und -dudes zum »Mercedes-Benz Windsurf World Cup Sylt« in den Disziplinen Wave, Freestyle und Foil. Da sind dann auch einige Profis aus Australien dabei, die mehr können als nur die neuesten Wetsuits von Rip Curl, der angesagten Marke aus Down Under, zu präsentieren. Bis zu 25 Nationen sind in der Regel unter den Teilnehmern, die sich in ihrer Leidenschaft messen. Umrahmt wird der Cup von zahlreichen Events, Musik und natürlich viel Essen und Party. Geflirtet wird dann abends auf der Promenade. Good on you, mate!
>> www.sylt.de/veranstaltungen/surf-cups/
windsurf-world-cup

⑤ ZOO IN LEIPZIG, DRESDEN UND DUISBURG

Flausch zum Bewundern

»Nur gucken, nix anfassen« lautet – im Gegensatz zu australischen Schutz-einrichtungen – die Devise in den wenigen deutschen Zoos, die sich glück-lich schätzen können, Koalas zu halten. Übrigens sind Koalas keine Bären, sondern Beuteltiere, die sich ausschließlich von Eukalyptusblättern ernäh-ren, und auch da sind sie wählerisch. Die Zoos in Leipzig und Dresden verfügen nur über zwei Männchen, lediglich im Koalahaus des Duisbur-ger Zoos (ab Ende 2021 auch in der Stuttgarter Wilhelmina) werden seit 1994 Jungtiere aufgezogen.

>> www.zoo-duisburg.de

⑥ NED KELLY'S AUSTRALIAN BAR, MÜNCHEN

Australiens raue Seiten

Nicht genug, dass die Australier gleich mehrere Versionen Rugby spie-len: In Down Under hat man auch noch »Aussie Rules Football« erfun-den, bei dem jeweils 18 Spieler in ärmellosen Leibchen einen eiförmigen Ball übers Feld kicken oder schlagen (nicht werfen!) und sich dabei am liebsten gegenseitig verprügeln – zumindest macht es den Anschein. Übertragungen aus Australien kann man in »Ned Kelly's Sports Bar« im Schatten der Münchner Frauenkirche verfolgen. Dort weiß man auch, dass in der Australian Football League Germany (AFLG) tatsächlich sieben deutsche Teams organisiert sind. Gut möglich, dass in der typisch australischen Sportbar die Spieler der »Munich Kangaroos« aufschlagen, um Australiens hüpfendes Nationaltier als Steak zu verdrücken. Die wis-sen natürlich auch, wie man australische Biersorten richtig ausspricht. »Veebee« (Vihbih) ist das »Victorian Bitter«, »Four Ex« heißt die etwas dünne Plörre »XXXX« aus Queensland.

>> Frauenplatz 11, München, www.nedkellysbar.de

Bonjour!
Französisch

A fon ganji!
Fon

BENIN

Die weltberühmten Bronzen der Edo-Völker, die man – noch – in deutschen Museen bewundern kann, zeugen davon, dass das einstige Königreich Benin die Wiege westafrikanischer Hochkultur war. Wenn
wir heute Samba, Zouk oder Rumba tanzen, wissen wir meist gar
nicht, dass der Ursprung dieser Weltmusik an der westafrikanischen
Küste liegt. Aus dem heutigen Staat Benin selbst stammt Angélique
Kidjo, eine der berühmtesten afrikanischen Sängerinnen, die gerne
auf dem Würzburger Afrika Festival auftritt. Mit der Kultur des westafrikanischen Voodoo, die sich auch von Benin bis in die Karibik und
nach Brasilien ausgebreitet hat, macht das Soul of Africa Museum in
Essen vertraut.

1 MUSEEN IN HAMBURG, BERLIN, FRANKFURT, MÜNCHEN

Leuchtende Schätze mit dunkler Vergangenheit

Das Hamburger Museum für Kunst und Gewerbe macht von sich reden: Seine Forscher werben dafür, die Sammlung an Bronzen der Edo-Völker an ihre Heimat zurückzugeben. Diese auf ganz Europa verstreute Gruppe von mehreren tausend Kunstwerken aus Bronze, Elfenbein und Holz, die häufig unter dem Begriff »Benin-Bronzen« zusammengefasst werden, schmückten seit dem 16. Jahrhundert den Königspalast des Königreichs Benin (heute Edo State, Nigeria) und zählen zu den erlesensten Kunstwerken Afrikas. Nur sind sie definitiv Beutekunst. Die Bronzen aus dem Ethnologischen Museum in Berlin wurden 2020 in das neue Humboldt-Forum überführt. Ob und in welchem Ausmaß es dem Hamburger Vorschlag folgt, ist noch nicht entschieden. Letztlich muss sich jedes Museum in Deutschland, das bedeutende afrikanische Kunstsammlungen besitzt, kritische Fragen stellen, das Museum der Weltkulturen in Frankfurt ebenso wie das Museum Fünf Kontinente in München, dessen renommierte Afrika-Abteilung ebenfalls einige der schönsten Benin-Bronzen besitzt. Das MARKK in Hamburg wird 2022 mit seinem Programm »Digital Benin« die weltweit zerstreuten Kunstwerke aus dem ehemaligen Königreich digital zusammenführen. Denn auch ohne die Originale ist es möglich, über die Kunst aus Benin zu staunen und sich in die Kultur hineinversetzen zu lassen.

2 AFRIKA FESTIVAL, WÜRZBURG

Benin auf die Ohren

Das derzeit europaweit größte Festival zur Kultur und Musik des afrikanischen Kontinents wurde 1989 ins Leben gerufen und zählte in den letzten Jahren weit über 100 000 Besucher. Es findet Mitte August direkt am Main an der Friedensbrücke statt, mit den besten Musikern des weltweit zweitgrößten Kontinents. 2022 zum Beispiel wird dabei unter anderem auch Angélique Kidjo aus Benin auftreten. Fashion Shows, Straßenparaden, Basare und Essenstände komplettieren das Angebot, die Stimmung ist ausgelassen und entspannt. Und wie kann man andere Kulturen, Traditionen und Lebensweisen besser kennenlernen, als über die universelle Sprache der Musik und des Essens?
>> www.africafestival.org

3 SOUL OF AFRICA MUSEUM, ESSEN

Voodoo – aber richtig

Voodoo – die meisten haben davon bereits gehört, aber so wirklich wissen, was dahintersteckt, werden die wenigsten. Denn die berühmten Voodoo-Puppen, die in Gestalt eines realen Menschen gefertigt werden und jenem Schmerzen zufügen, ist zwar teilweise ein Brauch, wird aber in der westlichen Populärkultur oft übertrieben dargestellt. Voodoo ist vielmehr eine Religion mit vielen verschiedenen Einflüssen und regionalen Unterschieden. Eine Wiege des Voodoos liegt in Benin und bis heute wird die Religion dort praktiziert. Aber wo, wenn nicht in den Filmen oder Büchern, in denen Voodoo oft mit Schwarzer Magie assoziiert wird, kann man hierzulande die wahre Natur des Voodoos kennenlernen? Zum Beispiel in Essen, im Soul of Africa Museum, mit dem Henning Christoph ein Forum für interkulturelle Begegnung schuf. Zahlreiche Artefakte der Voodoo-Kultur bilden eine Sammlung, die nicht nur faszinierend zu betrachten ist, sondern die auch das authentische Voodoo begreifbar macht. Auch Kostüme der Yorubas und mehr bieten Einblicke in das traditionelle Benin.

¿Qué se cuenta?

BOLIVIEN

Bolivianische Momente in Deutschland? Doch, die gibt es! Mit weißen Salzseen kann das münsterländische Zwillbrocker Venn in Nordrhein-Westfalen zwar nicht dienen, doch im Winter und Frühling fühlen sich hier Rosaflamingos trotzdem wohl. Auch Alpakas streifen nicht nur über die 4000 Meter hohen Hochebenen der Anden, und in München findet man sogar ein Geschäft mit einer kompletten bolivianischen Modekollektion aus Alpakahaar. Bolivianisch anmuten-de Adrenalinkicks gefällig? Zugegeben, der Allgäuer Jochpass ist (zum Glück) keine »Todesstraße« wie der »Camino a Los Yungas«, doch die zahllosen Serpentinen mit Blick auf die Allgäuer Berge sind der Traum aller Radfahrer: bergab natürlich!

1 JOCHPASS, ALLGÄU

Über Serpentinen sausen

Als gefährlichste Straße der Welt wird die Serpentinenstrecke »Camino a Los Yungas« bezeichnet, die von Boliviens Hauptstadt La Paz über das nordöstlich gelegene Caranavi in die Region Yungas führt. Heute wird sie besonders gerne von Radfahrern für halsbrecherische Abfahrten genutzt. Um einiges ungefährlicher, aber doch mit gehörigem Adrenalinkick, geht das auch im Allgäu. Mit über 100 km/h saust man auf der Passstraße Jochpass vom Oberjochpass, der auf einer Seehöhe von 1178 Metern liegt, hinunter nach Bad Hindelang. Panoramablicke gibt es auch hier, unter anderem auf zahlreiche Alpengipfel wie die Nagelfluhkette und das 2224 Meter hoch aufragende Nebelhorn. Und hier kreuzen auch keine Lkw den Weg, deren Fahrer allein auf die als Amulett am Armaturenbrett baumelnde Madonna vertrauen.

2 ZWILLBROCKER VENN

Rosafarbenes Vogelparadies

Boliviens endlose Salzseen sind für ihre riesigen Flamingoschwärme bekannt. Nur wenige wissen, dass man auch in Deutschland Rosaflamingos auf freier Wildbahn beobachten kann, und zwar im Münsterland: die nördlichste Kolonie weltweit! Im Zwillbrocker Venn nordwestlich von Verden, einem Naturschutzgebiet mit Feucht- und Grasland an der niederländischen Grenze, fliegen seit den 1980er-Jahren im Februar Flamingos ein, die den Winter am niederländischen Veluwemeer und im Rheindelta verbringen. Mit etwas Glück kann man ihre eindrucksvolle tanzende Gruppenbalz verfolgen. Bis Mai brüten sie und ziehen danach ihre Küken groß. Ab August beginnt der große Aufbruch zurück in die Niederlande. Inzwischen sind es über 60 Vögel, die sich jährlich im Venn einnisten (Chile-Flamingo und Europäischer Rosa Flamingo).
>> www.bszwillbrock.de

3 PACHAMAMA, MÜNCHEN

Vom Hochland in die Altstadt

Ein authentisches Stück Bolivien, nur einen Steinwurf vom Viktualienmarkt entfernt: Der nach »Mutter Erde« benannte Laden führt exklusiv farbenfrohe Alpaka-Mode, die im 4000 Meter hohen Hochland von La Paz von einer eingeschworenen Lebensgemeinschaft auf Handstrickmaschinen hergestellt wird. Der Name des Modelabels »Amauta« erinnert an die Bezeichnung in der inkaischen Gesellschaft für Personen, die über besondere Fähigkeiten und Kenntnisse in verschiedenen Bereichen von Dichtung und Wissenschaft verfügten. Dabei setzt Amauta nicht nur auf traditionelle Muster, sondern präsentiert immer wieder neuartige und überraschenden Schnitte und Farben.

>> Westenriederstr. 23, München, www.pachamamaladen.com

4 WERNINGERODE, LANDSHUT, DINKELSBÜHL

Bolivisch-bunte Städte

Als »Bunte Stadt im Harz« bezeichnete einst der Schriftsteller Hermann Löns Wernigerode. Und nicht nur seit ihm erinnert der 32 000-Einwohner-Ort dadurch an Bolivien. Nicht etwa wegen des neugotischen Schlosses oder der Schmalspurbahn, sondern weil der historische Stadtkern dank seiner Fassaden in kunterbunten Farben leuchtet. Und wenn Bolivianer eines mögen, dann sind es Farben. Überall in ihrem Land leuchten sie, von den bunten Kleidern bis zu den farbenprächtigen Bergen und Lagunen. Neben Wernigerode (Bild) gibt es einige weitere bunte Städte in Deutschland, zum Beispiel warten auch Landshut und Dinkelsbühl mit farbenfrohen Häuserzeilen auf.

Oi!

BRASILIEN

Samba, Samba de Janeiro! Tatsächlich kann man das beste Samba-Festival außerhalb von Rio de Janeiro im oberfränkischen Coburg erleben (Bild), und in Bad Cannstatt feiert man sogar einen wasch-echten brasilianischen Karneval. Brasilien gilt nach wie vor als Inbegriff der Lebensfreude, von Capoeira bis Caipirinha. Letzterer ist aus deut-schen Bars gar nicht mehr wegzudenken und fördert die Teambildung wahrscheinlich noch mehr als das inzwischen bei Firmen sehr popu-läre brasilianische Teamdrumming. Auch ein authentischer Rodizio mit sehr viel Fleisch vermittelt brasilianisches Lebensgefühl. Eigentlich liegt Brasilien ja ohnehin in Deutschland. Glauben Sie nicht? Dann fah-ren Sie mal an die Ostseeküste im Kreis Plön, da finden Sie es; gleich neben Kalifornien!

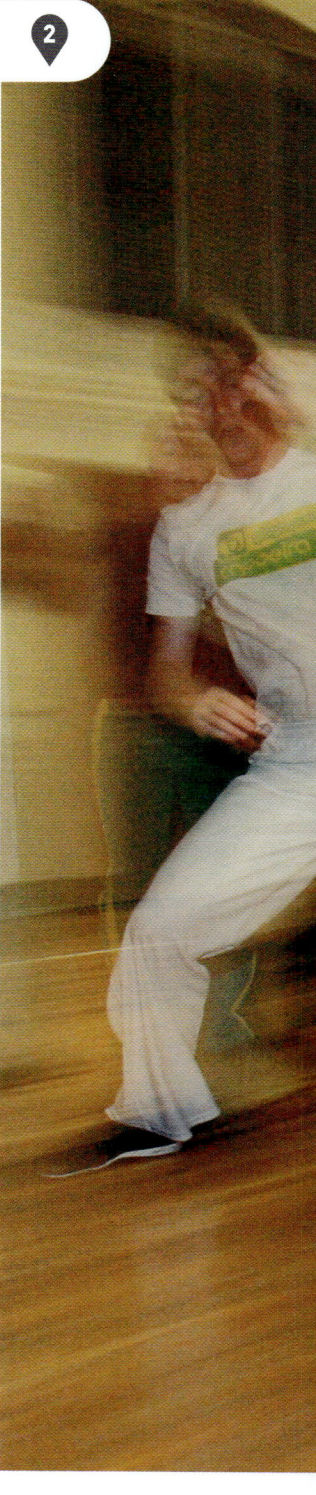

1 VER-O-PESO BAR, MÜNCHEN

Brasiliens edle Tropfen kosten

Brasilien am Münchner Gasteig! Valdemar da Silva, eine Institution der Münchner Barszene, der sein Handwerk bei Charles Schumann gelernt hat, heißt der aus Salvador de Bahia stammende Chef der kleinen brasilianischen Bar Ver-o-Peso mit hohem Wohlfühlcharakter. Benannt ist sie nach dem berühmten Markt Ver-o-Peso von Belém am Amazonas. Dass hier der Caipirinha, für den Brasilien auf der ganzen Welt bekannt ist, besonders gut schmeckt, versteht sich, doch nur in dieser Bar gibt es auch Cocktails mit eher unbekannten brasilianischen Früchten wie die Pitanga (Surinamkirsche). Valdemar zaubert auch seltene und hochprozentige Cachaças (Zuckerrohrbrände) hinter seiner Theke hervor, die man pur genießt. Sie können es mit edlen Whiskys, Rums und Cognacs aufnehmen, die bis zu 16 Jahren in Holzfässern reifen. Für ganz Mutige gibt es Aguardente, brasilianisches Feuerwasser, von dem man nur spaßeshalber einen Schluck riskieren sollte, sonst sind grandiose Kopfschmerzen garantiert! Übrigens isst man hier auch sehr gut: Hervorragend schmecken Picanha (brasilianisches Steak) und Moqueca (in Kokosmilch und Palmöl garte Garnelen). Für den kleinen Hunger gedacht sind die »petiscos« genannten Bar-Snacks.

>> Rosenheimer Str. 14, München, www.veropesobar.de

2 GRUPO CAPOEIRA BRASIL, FRANKFURT

Tanz und Kampf geben sich die Hand

An den Stränden des brasilianischen Nordostens hat man sie oft gehört, die blechernen Laute des Berimbau. Das ist ein Bogen aus Biriba-Holz mit nur einer Metallsaite und mit einer ausgehöhlten Kalebasse am unteren Drittel des Bogens als Resonanzkörper. Ein Holzstäbchen, die Baqueta, schlägt an den Draht, und zu diesem Takt tanzen Männer wie Frauen in weißen Hosen im nassen harten Sand des Flutsaums die akrobatische Capoeira. Biegsame Leiber vollführen mit nur einer Hand am Boden die komplizierte Figur der Malandra oder führen mit atemberaubender Geschwindigkeit die Beine fast senkrecht scherenartig über den Kopf des Gegners hinweg. »Ginga« nennt man die geschmeidigen Bewegungen, die man auch in Deutschland lernen kann, zum Beispiel bei den Workshops des Grupo Capoeira Brasil in Frankfurt. Wer sich nicht so gelenkig fühlt, kann die Top-Capoeiristas auch für Events buchen.

>> www.capoeirabrasil.de

Mehr als ein kleiner Kaffee

Auch wenn die Übersetzung von Cafezinho schlicht »kleiner Kaffee« lautet, sollte man ihn nicht unterschätzen oder gar ablehnen. Denn was man eigentlich meint, wenn von Cafezinho die Rede ist, ist Gastfreundschaft und gemeinsames Genießen. So bittet man einen Kollegen zu einer kleinen Kaffeepause oder lädt Freunde dazu nach Hause ein. Jederzeit kann »hora de cafezinho« sein – und auch überall. Warum also nicht auch hier einen Cafezinho genießen und ein bisschen in die Ferne schwelgen? Bereitet man ihn auf traditionelle Art zu, muss man sich auf viel Süße einstellen: Eine halbe Tasse Wasser wird mit einem Teelöffel Zucker erhitzt (nicht gekocht!), bis sich der Zucker auflöst. Vermengt mit einem Teelöffel brasilianischem Kaffee oder Espresso wird das Ganze langsam durch einen Kaffeefilter gegossen.

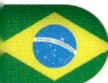

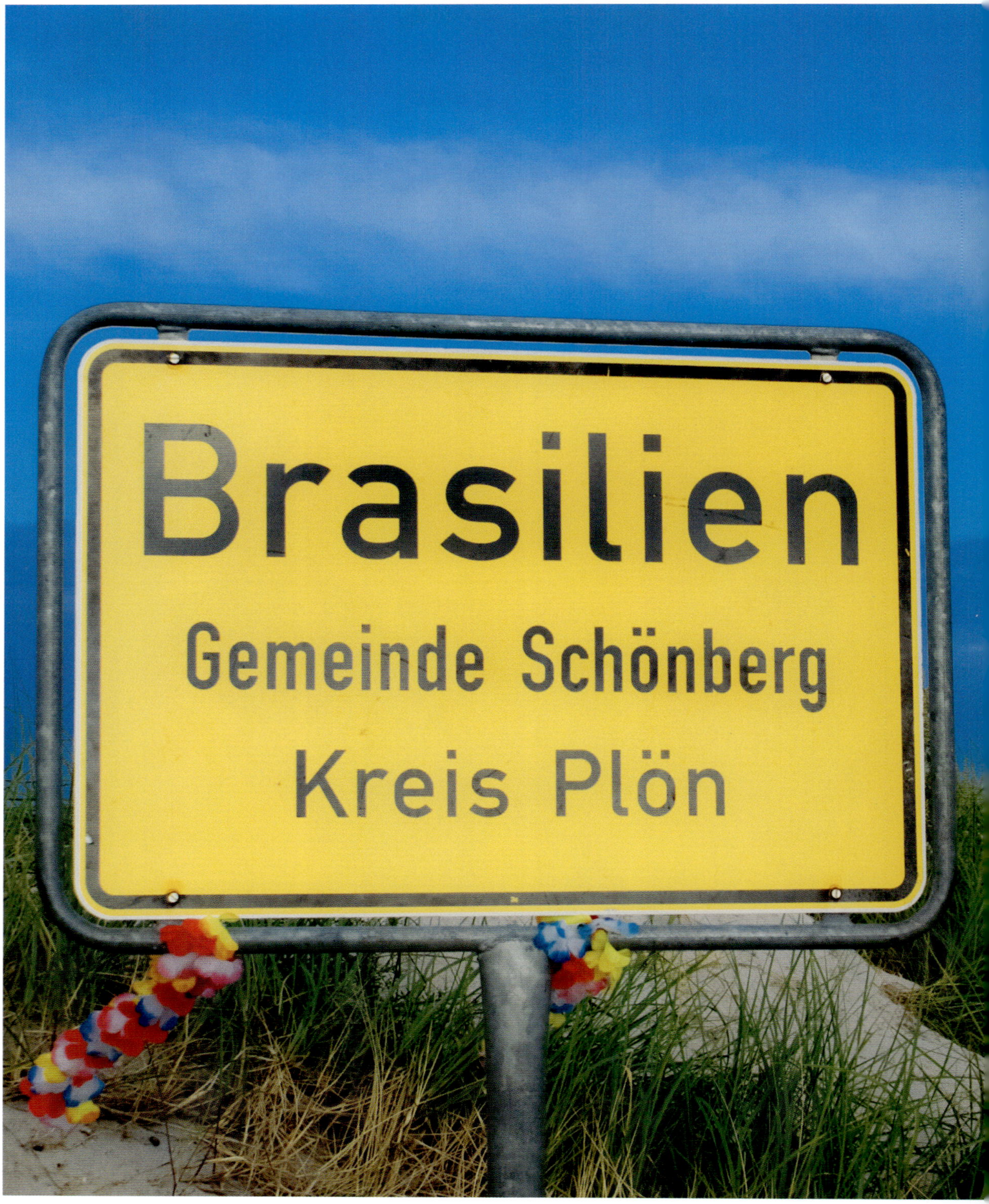
Brasilien
Gemeinde Schönberg
Kreis Plön

3 SAMBA FESTIVAL, COBURG

Starbesetzung beim Samba

Kaum zu glauben, aber wahr: Das beste Samba-Festival außerhalb von Rio de Janeiro findet seit 1992 im oberfränkischen Coburg statt. Kein Wunder, bei 3000 Künstlerinnen und Künstlern auf elf Bühnen! Dafür gab's 2014 aus der Hauptstadt des Karnevals beim Congresso International do Samba sogar den Edison Carneiro Preis. 200 000 Besucher verfolgen jedes Jahr Mitte Juli das Spektakel. Er fühle sich hier wie in Brasilien, schwärmte der brasilianische Ex-Fußballprofi Giovane Elber von Coburg an diesen großartigen Tagen. So lässt sich hier viel brasilianische Prominenz blicken, darunter Topsängerinnen und -sänger, TV-Stars und Sambaköniginnen aus Brasilien, aber auch Capoeira-Profis, die sich im rituellen Kampf messen. Zahlreiche Sambagruppen treten nicht nur auf den offiziellen Bühnen auf, sondern ziehen musizierend, trommelnd und tanzend durch die Straßen und Gassen der Altstadt, und die Coburger tanzen begeistert mit.
>> www.samba-festival.de

4 BRASILIEN, SCHÖNBERG

Die brasilianische Ostsee

Seit der Fußball-WM 2014, als TV-Studios hier einfielen, weiß man: Brasilien liegt (auch) an der Ostsee, gleich neben Kalifornien! Jedenfalls im Kreis Plön ist das so, und es sind nur 15 Minuten von einem »Land« zum anderen. »Brasilien« heißt nämlich ganz amtlich und schwarz auf gelb mit Ortsschild der circa 1,6 Kilometer lange Strandabschnitt vor dem Landesschutzdeich, zwischen den Schönberger Ortsteilen Kalifornien und Schönberger Strand. Die »Copacabana« des Nordens besteht aus Deich, Grünstreifen, Promenade, Dünen und Strand. Eine in den Nationalfarben Brasiliens angestrichene Imbissbude heißt »Brasilia« und serviert Currywurst mit Caipirinha. Außerdem bietet »Wassersport Brasilien« unter anderem Kurse zum Stand-Up-Paddeln, Wellenreiten und Windsurfen an. Im Sommer sorgt das Jugendstrandprojekt »Beach Power« mit Beachsoccer und Trommelkursen für brasilianisches Flair.

Seleção, Samba und Sete-um

Die Kombination aus Fußball, Deutschland und Brasilien erinnert sofort jeden Fan an das denkwürdige Halbfinale bei der Weltmeisterschaft 2014. Die bittere Niederlage des brasilianischen Teams mit 1:7 ging sogar mit Redewendungen in den Sprachgebrauch der Brasilianer ein: »Gol da Alemanha« (»Tor für Deutschland«) ruft man nach einem groben Patzer aus, und »Sete-um« (7:1) steht schlichtweg für eine schmerzhafte Niederlage. Doch sieht man einmal von diesem einen Halbfinale ab, ist Brasilien als Fußballnation weltberühmt und die Nationalmannschaft Seleção äußerst erfolgreich. Wer auch in deutschen Stadien ein bisschen für brasilianischen Flair sorgen möchte, sollte sich mit schnellen Rhythmen auskennen oder zumindest vertraut machen. Denn Fußballfans aus Brasilien sind äußerst temperamentvoll und feuern ihre Spieler mit Samba-Musik von der Tribüne an.

Authentisches Schmausen

Rodizio heißt ein brasilianischer Servierstil, bei dem verschiedene Fleischsorten an einem Spieß gegrillt werden. Beim sogenannten Churrasco wird handtellergroßes, saftiges Fleisch mit der fettreichen Seite nach unten auf Spießen über einem offenen Feuer gegrillt, um dann immer wieder frisch am Tisch serviert zu werden. Der Gast benutzt einen doppelseitigen Bierdeckel, die grüne Seite mit dem Wort »Ja« und die rote Seite mit dem Wort »Nein«, um dem Schwerstarbeit leistendem Servicepersonal mitzuteilen, ob noch nachgelegt werden soll. In Rio de Janeiro und São Paulo sind Churrascarias meist sehr große laute Restaurants, in Deutschland oft eine Enttäuschung. Nicht so im El Toro Negro in Fulda, in dem immerhin an die 130 Gäste Platz finden, mit tollem Blick über die Dächer der Stadt. Zehn Sorten Fleisch sind im Angebot, vom Hühnerherz bis zur Picanha, das Schwanzstück vom Rind. Sogar Brahma, das populäre brasilianische Bier, kann hier bestellt werden, und die Caipirinhas, hier mit bestem Cachaça zubereitet, sind fantastisch.

>> Esperantoplatz, Fulda, www.hotel-esperanto.de/toro-negro-fulda

Ausgelassene Lebensfreude

Nach zwei Jahren Auszeit ist es im Februar 2022 (hoffentlich) endlich wieder so weit: Brasilianischer Karneval bringt die Phoenixhalle im Römerkastell zum Kochen! Der »Freundeskreis zur Förderung der Kultur Brasiliens tigre vermelho e.V.« lässt es krachen: mit Sambatänzerinnen in fantasievollen Kostümen, ausgelassener Musik von brasilianischen Bands und DJs und einer saftigen Portion Lebensfreude – quasi die Copacabana hautnah. An den zahlreichen Ausschänken werden neben den traditionellen Cocktails wie Caipirinha, Piña Colada und Batida de Maracuja auch Bier und alkoholfreie Cocktails angeboten. Für die kleine Pause zwischendurch bietet die kulinarische Ecke leckere Gerichte wie das brasilianische Nationalgericht Feijoada an. Und das Beste ist: Die Erlöse des Karnevals fließen in diverse Projekte zur Förderung von Kindern in Brasilien und Deutschland.

>> Phoenixhalle im Römerkastell, Naststr. 43–45, Einfahrt Rommelstr., Stuttgart-Bad Cannstatt, www. exometa-gmbh.de

你好

Ni Hao

CHINA

Architektonische »Chinoiserien« wie die Pagodenburg im Schlosspark Nymphenburg, Schloss Pillnitz bei Dresden und das Chinesische Teehaus im Park von Sanssouci (Bild) zeugen von der frühen Begeisterung für das Reich der Mitte in Deutschland. Groß in Mode waren neben Porzellan und Seide auch Lackarbeiten und Papiertapeten. Heute kann man in deutschen Parks die Anhänger von Tai-Chi-Chuan und Qigong beim »Schattenboxen« erleben, durch herrliche chinesische Gärten wie im thüringischen Weißensee wandeln, die Highlights der chinesischen Küche von Dim Sum bis Peking-Ente genießen, chinesische Neujahrsfeste feiern und natürlich am berühmten Chinesischen Turm im Münchner Englischen Garten eine zünftige Maß genießen.

1 ELBSANDSTEINGEBIRGE

Sachsen als Vorbild

Es gehört zum Standardrepertoire des Reisejournalismus, das Elbsandsteingebirge in der Sächsischen Schweiz mit dem Zhangjiajie National Forest Park in der chinesischen Provinz Hunan zu vergleichen. Zugegeben, die visuellen Parallelen sind frappierend, die Felstürme ähneln sich wirklich. Wobei China-Kennern jetzt als Vergleich auch der Huangshan einfällt, das von zahllosen Dichtern und Malern verewigte »Gelbe Gebirge«, dessen zerklüftete karstige Felsen sich häufig in dichte Nebel hüllen. Gut, dass Caspar David Friedrich nicht so weit reisen musste, um den »Wanderer über dem Nebelmeer« zu malen. Aber was ist mit dem Steinwald von Shilin in Yünnan? Aus dieser Provinz reiste sogar eine offizielle Delegation in die Sächsische Schweiz, um sich Tipps für ihren Geopark zu holen, ein Weltkulturerbe. Weitgereiste denken aber nicht nur an China, sondern auch an die Felsformation der »Three Sisters« in den australischen Blue Mountains.

2 TAKU, KÖLN

Geschmacksreise nach China

Wo gibt's Deutschlands beste Peking-Ente? Wahrscheinlich im Kölner Sternerestaurant Taku, denn der junge Küchenchef Mirko Gaul beherrscht das Zusammenspiel von Schärfe, Säure, Süße und Bitternoten, das die ostasiatische Küche prägt, in Perfektion. Der kulinarische, modern interpretierte Klassiker der Ming-Dynastie wird hier in sechs Gängen serviert: Leber, Haut, Essenz, Flügel, Brust und Dim Sum. Die Brust, das feinste Stück der Ente, wird mit Wachskürbis und Sichuanpfeffer zubereitet und ist zum Niederknien. Dazu trinkt man am besten Tee oder ein asiatisches Bier und zum Abschluss Reis- oder Pflaumenwein.
>> Excelsior Hotel Ernst, Trankgasse 1–5, Köln, www.excelsiorhotelernst.com

WEISSENSEE

Garten des ewigen Glücks

Chinesische Gärten verbinden möglichst harmonisch wie beim Yin und Yang die Gegensätze von Natur und Architektur. Nach den daoistischen Prinzipien der Gartenbaukünstler sind die Lebewesen des Gartens – Mensch, Tier und Pflanze – Teil eines Systems und einer Welt der drei Elemente Wasser, Felsen und Pflanzen. Das Wasser symbolisiert die Weite, die Felsen den Lebensraum der Unsterblichen, und die Pflanzen setzt man wegen ihrer frühen Blüte, denn der Garten soll das ganze Jahr über seine wechselnden Reize offenbaren. Im Zentrum der Gartenidee steht die Harmonie zwischen Mensch und Natur. Tore eröffnen die Sicht auf das nächste Bild, genau wie die Säulen und Dächer der Pavillons. Deutschlands derzeit größter chinesischer Flächengarten entstand 2011 im thüringischen Weißensee: mit in China vorgefertigten Bauteilen. Selbst Besucher aus China sprechen bewundernd von einem »begehbaren Kunstwerk«. Seine geschwungene Wegeführung erinnert an die Form eines glücksbringenden Drachens. Mittelpunkt des Gartens bildet der »Teich der vier Jahreszeiten«. Ein Steg in der typischen Zickzack-Anordnung verbindet Tee- und Hochzeitspavillon. Im Gondelteich sorgt ein Seepavillon für stilechtes chinesisches Flair. Gerne kommen Mitglieder des Konfuzius-Instituts der Fachhochschule Erfurt hierher, um zu musizieren, Tai-Chi zu praktizieren oder die Kunst der Kalligrafie vorzuführen.

>> www.weissensee.de

Körper und Geist im Einklang

Frühmorgens sieht man sie in jedem Park zwischen Peking und Hongkong: chinesische Landsmänner und -frauen, die gemeinsam Tai-Chi üben, mit fließenden Bewegungen in einer Gruppe. »Schattenboxen« nennt man im Volksmund die chinesische Kampfkunst der »inneren Stile«, Bewegung, Atmung, Entspannung, Meditation und Gesundheit. Es gibt fünf große Familienstile. Der Wahrung des »Yang-Stils« hat sich in Deutschland die Yongnian Gesellschaft von Dr. Stephan Langhoff verschrieben (www.stephan-langhoff.de), während Simone Pohlandt im Düsseldorfer Nordpark den »Wu-Stil« lehrt (www.tai-chi-im-park.de). Zuschauen darf man im Park immer oder, noch besser, sich zwanglos den Übenden anschließen. Auch Qigong ist eine chinesische Meditations-, Konzentrations- und Bewegungsform zur Kultivierung von Körper und Geist. Ansprechpartner für Interessierte an beiden Bewegungsformen hierzulande sind die »Bundesvereinigung für Taijiquan und Qigong Deutschland e.V.« (www.taijiquan-qigong.de) und der »Tai-Chi-Dachverband/Qigong-Dachverband« (www.tai-chi-verband.de). Die Netzwerke beider Organisationen vermitteln Ausbildung und Seminare, die eine Alternative zur teilweise recht esoterisch und kommerziell geprägten Szene bieten.

4 NEUJAHRSFEST IM EUROPA-CENTER, BERLIN

Alles auf Anfang

Das größte chinesische Fest im Jahr ist das Neujahrs- oder Frühlingsfest, das nach dem Mondkalender im Januar/Februar stattfindet. Alles wird dann gereinigt, es gibt neue Kleidung, rote Umschläge mit frisch gedrucktem Geld, man geht in den Tempel und feiert mit der Familie und Freunden ausgiebige Bankette. Zwei Wochen später begeht man mit bunten Umzügen das Laternenfest, den Abschluss des Frühlingsfestes. Da in Deutschland an die 120 000 Chinesinnen und Chinesen leben, wird natürlich auch hierzulande kräftig gefeiert, im Berliner Europa-Center mit Kunst, Kulinarik und Kultur. Tatkräftig unterstützt das Chinesische Kulturzentrum Berlin die Festivitäten. Zu erleben gibt es Musikstücke mit traditionellen chinesischen Instrumenten, Drachen- und Löwentänze, Schaukämpfe, einen Handwerkermarkt, Kalligrafie-Workshops und – zumindest in Zukunft – auch wieder ein Feuerwerk. 2022 beginnt am 1. Februar das Jahr des Wasser-Tigers, der den Metall-Büffel ablöst. Am 22. Januar 2023 ist dann der Wasser-Hase dran.

>> www.europa-center-berlin.de

5 DIM SUM HAUS, HAMBURG

Gebraten, gekocht, gedämpft

Chinas kleine Köstlichkeiten, die »Dim Sum«, wurden in Guangdong (Kanton) erfunden, wo man sie bis heute besonders am Sonntag bei einem aufwendigen Frühstück genießt. Im Kantonesischen sind sie auch als »Yum Cha« bekannt, was eigentlich »Tee trinken« bedeutet. Diese gebratenen, gekochten und gedämpften Teigtaschen machen einfach süchtig. Appetit bekommen? Dann ab nach Hamburg. In Bambusdämpfern oder auf Tellern präsentiert werden die Köstlichkeiten auf Wagen durch das dortige Chinarestaurant gerollt. Wenn man Platz genommen hat, erhält man eine Kanne Tee, die ständig nachgefüllt wird, und eine Karte, auf der man jedes Gericht, das man auswählt, markiert, und die man später an der Kasse abgibt. Es gibt unendlich viele Varianten, die man in Hamburgs schon 1964 eröffneten und damit ältestem chinesischen Restaurant probieren kann. »Har gau« sind mit Garnelen und Bambus gefüllte gedämpfte Reismehlteigtaschen, »Wo Dip« gebratene Dumplings mit Schweinefleisch und Chinalauch, »Lo Mai Gai« ist mit Schweinefleisch in Lotusblättern gedämpfter Klebreis, »Ham-Shui-Gok« sind frittierte Pastetchen mit Schweinefleisch und Pilzen. Mutige probieren auch »Fung-Jiao«, gedämpfte Hühnerfüße in spezieller Würzsoße.

>> Kirchenallee 37, Hamburg, www.restaurantchina.de

Balanceakt Gesundheit

Das Konzept von Yin und Yang, die sich gegenseitig bedingen, ineinandergreifen und eine Einheit bilden, ist weit bekannt. Und es bildet ein Grundelement in der Traditionellen Chinesischen Medizin: Ist das Gleichgewicht zwischen diesen beiden Polen gestört, entstehen Krankheiten. Die Aufgabe eines Arztes in der Traditionellen Chinesischen Medizin ist es demnach, diese Balance wiederherzustellen. Die Methoden, derer er sich dabei bedient, nennt man auch die fünf Säulen: Akupunktur, Arzneimittel, Koordinationsübungen, Massage, Ernährung. Entweder einzeln oder in Kombination eingesetzt, wurde die Traditionelle Chinesische Medizin früher zur Behandlung aller Krankheiten genutzt – und zur Vorsorge. Denn in China galt der Arzt als der beste, dessen Patienten gar nicht erst erkrankten. In Deutschland ist nicht jeder Bereich der Traditionellen Chinesischen Medizin gleichermaßen anerkannt oder wertgeschätzt, aber insbesondere die Akupunktur ist mittlerweile auch hierzulande gut verbreitet.

6

6 TEESIGN 77, BERLIN

Sorgfältige Aufgüsse

Eigentlich gibt es nicht die eine Teezeremonie in China, sondern viele verschiedene. Die wohl bekannteste davon ist das Ritual Guan Fu Cha, übersetzt werden kann das als »Tee mit großer Sorgfalt zubereiten«. Und wie es der Name bereits vermuten lässt, ist diese Teezeremonie tatsächlich mehr als einfach nur Tee in eine Tasse zu gießen. Vielmehr folgt sie beim Kochen, Ausschenken und selbst beim Trinken festen Regeln und hat symbolische Bedeutung. Einmal an einer authentischen Teezeremonie teilzunehmen sollten alle, die tiefer in Chinas Traditionen eintauchen wollen. Dazu lädt zum Beispiel der Teeladen Teesign 77 im Südwesten Berlins immer wieder ein. Zwei Stunden lang wird den Gruppen aus vier bis acht Personen dann alles rund um Chinas Teezeremonie erklärt und natürlich wird sie auch praktisch durchgeführt mit besten Tees.

>> www.teesign77.de/gongfu-tee.php

Davs!

Nach der dänischen »Hygge« ist in Deutschland sogar ein Lifestyle-Magazin benannt. Tatsächlich findet das skandinavisch-entspannte Lebensgefühl, das einfache Glück mit klaren Linien, auch hierzulande immer mehr Anhänger. Schon der Duft einer dänischen Zimtschnecke vermittelt echtes Hyggegefühl. Große und kleine Kinder finden ihr Hyggeglück zum Beispiel im Günzburger Legoland: Die ganze Welt in Millionen von bunten akkurat gesetzten Plastiksteinchen! Viel dänisches Lebensgefühl vermittelt auch das gar nicht graue Husum mit seinen bunten Häusern am Hafen. Und wer sich auch im deutschen Ferienhaus als echter Däne fühlen will, der zieht einfach den rot-weißen Dannebrog – also die dänische Flagge – auf.

CAFÉ HYGGE, MAINZ
Dänische Gemütlichkeit

»Hygge« heißt diese urdänische Mischung aus Gemütlichkeit, Traditions-
bewusstsein und Weltoffenheit. Ein dänisches Café bringt daher fast immer das Kunststück fertig, wirklich gemütlich und trotzdem modern in
klaren geradlinigen Formen designt zu sein, mit viel hellem Holz, dezen-
ten Farben und Blumenschmuck. Ganz wichtig, es muss nach Zimt duften, denn fluffige »Kanelsnegle« (Zimtschnecken) sind aus der dänischen –
zugegebenermaßen als »Kanelbulle« auch aus der schwedischen – Kaffee-
kultur nicht wegzudenken. Und natürlich auch nicht Smørrebrød, diese
kleinen Kunstwerke aus Brot und Salat, für die das Wort »Butterbrot« nun
wirklich zu schnöde wäre. In Perfektion vereint findet man all dies im Café
Hygge, mitten in der Mainzer Neustadt. Einfach »hyggelig«!
>> Rhabanusstr. 13, Mainz, facebook.com/hyggeinmainz

HUSUM
Dänische Stadtansichten

Von wegen »Graue Stadt am Meer«! Wenn die Sonne scheint, erinnert
der alte Hafen von Husum tatsächlich an Kopenhagens bunten Nyhavn,
natürlich eine Idee kleiner. So verwunderlich ist das nicht, schließlich war
die Heimatstadt von Theodor Storm bis 1867 dänisch. Die klassizistische
Husumer Marienkirche wurde 1829–1833 nach Entwürfen des dänischen
Staatsbaumeisters Christian Frederik Hansen erbaut, während die vom
Architekten Alan Havsteen-Mikkelsen entworfene und 1991 eingeweihte Husum Danske Kirke ein interessantes nordisch-modernes Kirchen-
gebäude der dänischen Kirchengemeinde ist.

 LEGOLAND, GÜNZBURG
Dänemarks berühmteste Steine

1968 wurde in der dänischen Stadt Billund das älteste Legoland eröffnet
und ist heute die meistbesuchte Touristenattraktion Jütlands. Aber auch
in Deutschland gibt es das Universum aus bunten Lego-Steinen. Es wurde
2002 im schwäbischen Günzburg eröffnet und ist aufgrund seiner Kinder-
freundlichkeit eine der beliebtesten Touristenattraktionen in Bayern. Aus
über 25 Millionen bunten Bausteinen hat man eine Miniaturwelt erbaut,
darunter den Hamburger Hafen, Schloss Neuschwanstein, die Münchner
Allianz Arena und fünf der höchsten Wolkenkratzer der Welt im Maßstab
1 : 150. Wie im dänischen Billund gibt es auch in Günzburg zahlreiche
aufregende Fahrgeschäfte sowie rasante Achterbahnen.
>> www.legoland.de

Hygge für Zuhause

Funktionalismus plus Hygge – diese Formel beschreibt treffend das berühmte dänische Design, das längst zum Trend in Deutschland geworden ist. Vor allem in Norddeutschland findet man aus dem Grund auch viele Läden, dank derer man in dänisches Lebensgefühl eintauchen kann, ohne die Grenze überqueren zu müssen. Besonders authentisch sind jene Läden, die von dänischen Landsleuten geführt werden. Wie zum Beispiel »Det Lille Hus« in Lütjensee bei Hamburg. Wohnaccessoires, Nützliches für die Küche, Kinderspielzeug und vieles mehr kann man hier erwerben – alles kommt direkt von skandinavischen Firmen. Wer sich also einmal wie in Dänemark fühlen möchte, braucht nur den Laden zu besuchen oder sich am mit dänischen Produkten das Land nach Hause holen.

>> www.detlillehus.de

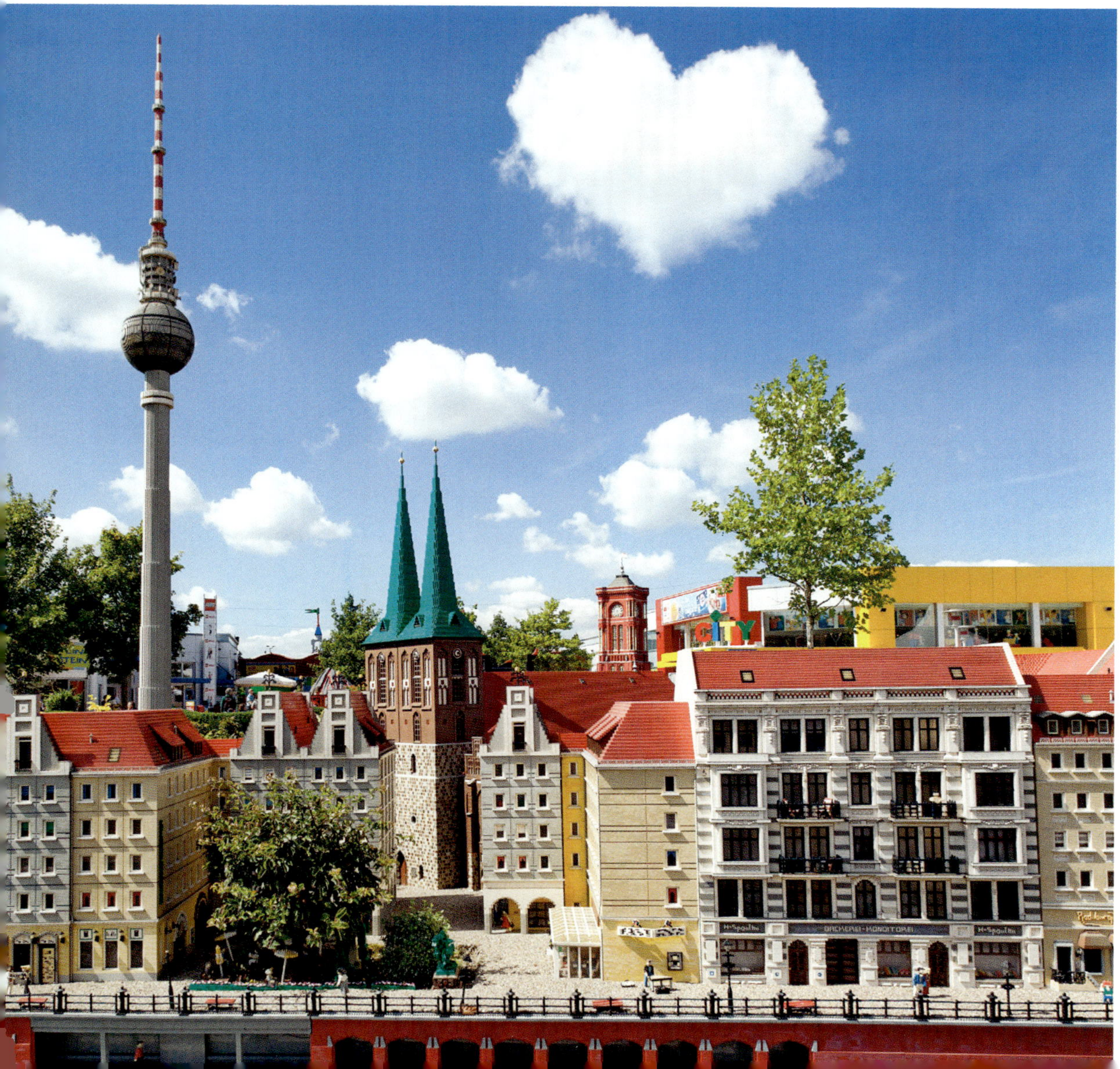

5 BOLTENHAGEN UND FEHMARN

Urlauben wie die Dänen

Skandinavier und ihre Ferienhütten – das ist eine ganz besondere Beziehung und auch Dänemark macht dabei keine Ausnahme. Immer beliebter wird es, am Meer ein kleines Häuschen zu besitzen, in dem man verlängerte Wochenenden oder die Ferien verbringt. Und so reihen sich an Nord- und Ostsee die oft niedrigen Hütten und Häuschen auf, die Ruhe und Entspannung versprechen. Der Geschmack von Salzwasser liegt in der Luft, nach einem windigen Spaziergang am Meer freut man sich auf Hygge im gemütlichen Drinnen. Diesen typisch dänischen Urlaubs-Flair findet man auch in Deutschlands Norden, zum Beispiel am Ostseebad Boltenhagen oder auf der Insel Fehmarn. Letztere hat bis zum Deutsch-Dänischen Krieg 1864 sogar zu Dänemark gehört und erinnert nicht nur deshalb an das südlichste skandinavische Land. Also schnell ein Ferienhäuschen buchen und es sich wie die Dänen gut gehen lassen!

Das dänische Glücksrezept

Immer wieder hört oder liest man davon, dass die Dänen zu den glücklichsten Menschen der Welt zählen. Die Gründe dafür sind vielfältig und um glücklich zu sein, muss man natürlich kein Däne sein. Auch hierzulande kann man es ihnen nachmachen und sich durch ein paar Eigenschaften oder Angewohnheiten von ihnen inspirieren lassen. Zum Beispiel von der Dankbarkeit. »Tak« (»Danke«) ist eines der häufigsten Worte, die man in Dänemark hört, man bedankt sich fürs Essen, für das letzte Treffen, für ein gutes Gespräch – aber niemals »for alt« (»für alles«), das ist dem letzten Dank an einen Verstorbenen vorbehalten. Auch die typisch dänische Gelassenheit (»Det finder vi ud undervejs« – »Das werden wir währenddessen herausfinden«), eine vorbildliche Work-Life-Balance oder die gemeinsamen Mahlzeiten (auch in der Arbeit) sind Zutaten des Rezepts zum Glücklichsein. Sicher lassen sich damit auch die Menschen um einen herum anstecken und so kann man ganz einfach ein bisschen dänisches Lebensgefühl – und damit auch das Glücklichsein – hierzulande verbreiten.

¿Qué lo que?

DOMINIKANISCHE REPUBLIK

»No es amoooor« sang die Gruppe Aventura hingebungsvoll ihre berühmte dominikanische Bachata, und spätestens seit diesem Superhit ist die Liebe der Deutschen zur Dominikanischen Republik entflammt. »No problem«, dieses Motto der Dominikaner für alle Lebenslagen, nimmt man gerne mit nach Hause. Wie praktisch, dass Merengue und Bachata so viel leichter zu tanzen sind als Salsa oder Tango. Karibische Lebensfreude pur herrscht auf dem Bachata-Festival in Stuttgart, und nicht nur hier fließt der vorzügliche dominikanische Rum in Strömen. In die Rubrik »Farbenfreude« fällt wiederum die Kunst aus der Dominikanischen Republik und dem benachbarten Haiti, auf die sich die Galerie »Chez Marie-Rose« in Oy-Mittelberg spezialisiert hat.

KUNST AUS HAITI, OY-MITTELBERG

Die Farben Hispaniolas

Wer schon mal Urlaub in der Dominikanischen Republik gemacht hat, kennt den Anblick: In jedem Ferienort stehen quietschbunte Bilder mit haitianischer Malerei zum Verkauf am Straßenrand und an Häuserwänden. Die Motive werden mithilfe von Schablonen auf die Leinwand gepinselt: Dorf-, Markt- und Urwaldszenen. Um erstklassige zeitgenössische Werke renommierter dominikanischer und haitianischer Künstler zu bewundern und zu kaufen, muss man allerdings eine Galerie besuchen. In Deutschland hat sich die Galerie »Chez Marie-Rose« auf hochwertige Kunst aus Haiti spezialisiert. Neben Gemälden gibt es hier auch sehr schöne Masken aus Metall und Intarsienarbeiten.

>> Kirchleithe 11, Oy-Mittelberg, www.kunst-aus-haiti.de

BERNSTEIN HUUS, ESENS

Klunker aus der Karibik

Nicht nur goldgelb leuchtet der dominikanische Bernstein. Er wird auch nicht aus dem Meer gefischt wie der baltische, sondern in Minen der küstennahen Nordkordillere abgebaut. Dominikanischer Bernstein ist jünger als sein baltisches Pendant, doch es gibt ihn in vielen Farben, auch in Grün- und Blautönen. Besonders wertvoll sind große Exemplare mit Einschlüssen: Insekten oder Pflanzen aus der Zeit der Dinosaurier. Wer in Deutschland traumhaft schöne Exemplare aus der Dominikanischen Republik sehen möchte, sollte nach Ostfriesland fahren. In Esens hat der leidenschaftliche Sammler Siegfried von Esmarch die vielleicht beste Sammlung karibischen Bernsteins in Europa zusammengetragen.

>> www.nordseeschmuck.de

SÜDWESTDEUTSCHLAND UND BREMEN

Karibischer Karneval

Venedig, Köln, Rio – diese Karnevalshochburgen sind den meisten gut bekannt. Weniger geläufig ist vielen jedoch die Tatsache, dass auch in der Karibik der Karneval ausgiebig gefeiert wird. In der Dominikanischen Republik findet er sogar den ganzen Februar lang statt. Natürlich hat jedes Land seine eigenen Besonderheiten und auch regional gibt es Unterschiede. Doch die Ursprünglichkeit des Dominikanischen Karnevals gleicht stark der schwäbisch-alemannischen Fasnacht. So findet man auch hier in Südwestdeutschland in den traditionellen Umzügen und Bräuchen – insbesondere den hölzernen Masken – ein Stückchen Dominikanische Republik. Wer hingegen weniger das Aussehen als vielmehr den Klang des Dominikanischen Karnevals sucht, sollte nach Bremen reisen. Hier findet alljährlich der Samba-Karneval statt, dessen Töne unmittelbar in die Karibik versetzen.

④

④ BACHATA-FESTIVALS IN STUTTGART, HÜRTH UND HAMBURG

Heißer ⁴/₄-Takt

Seit die Gruppe Aventura mit ihrem Tophit »Obsesión« die dominikanische Bachata auch in Deutschland in die Charts katapultierte, ist der Tanz mega angesagt. In Stuttgart findet jedes Jahr in der ersten Aprilhälfte das heißeste Bachata-Festival Deutschlands statt (www.bachata-festival.com). Die renommiertesten Interpreten werden 2022 endlich wieder in der Fellbacher Schwabenlandhalle dem begeisterten Publikum einheizen. Auf drei Dancefloors wird getanzt bis zum Abwinken. In über 50 Workshops kann man alles über Bachata lernen und mit seinen Kenntnissen beim nächsten Urlaub in Puerto Plata oder Las Terrenas die Einheimischen schwer beeindrucken. Salsafans kommen auf dem Festival ebenfalls auf ihre Kosten. »Bachata« ist übrigens einfach das Wort für »Party«, und davon verstehen die Dominikaner nun wirklich jede Menge! Wer lieber Anfang Juni feiert, fährt nach Hürth bei Köln. Auch hier wird im Bürgerhaus 2022 endlich wieder ein Salsa- und Bachata-Festival stattfinden (www.colognesalsacongress.com). Die Hamburger feiern gewöhnlich im Juli.
>> www.salsafestival-hamburg.de

Alright, mate?

ENGLAND

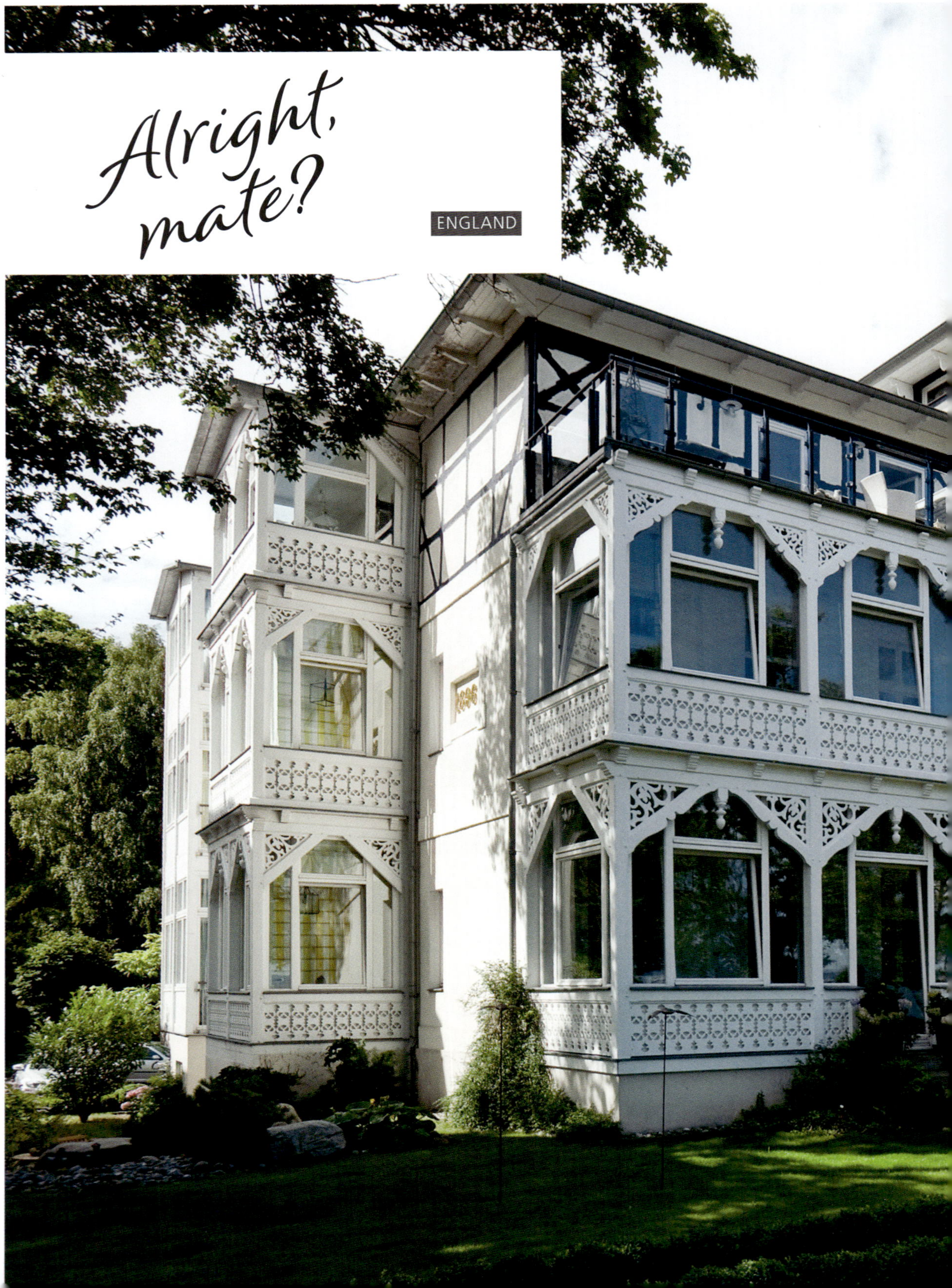

Englische Momente in Deutschland? Nichts leichter als das, ob man nun eine noble Teestunde zelebriert, in Berlin-Kreuzberg Street-Art wie in London bewundert, die englische Gartenbaukunst in Bad Muskau genießt oder auf Rügen an die Kreidefelsen der englischen Kanalküste denkt. Auch die Seebrücken der Ostseebäder und so manche Klosterruine zwischen Schwarzwald und Greifswald erinnern an berühmte englische Vorbilder. Englisches Lebensgefühl wie in Oxford und Cambridge genießt man auf einer Bootsfahrt mit den Stocherkähnen von Tübingen. England für Fortgeschrittene? Tatsächlich wird auch in Deutschland Cricket gespielt, aber da es in dieser Sportart kein Elfmeterschießen gibt, gewinnt (bislang) noch immer England!

It's Tea Time!

Afternoon Tea in nobler Umgebung, mit köstlichen Gurken-sandwiches, Scones, Gebäck und Cakes, ist eine englische Institution. Wer in Deutschland besonders feines Ambiente für den High Tea sucht, genießt die Zeremonie in der barocken Atmosphäre des Dresdner Hotels Taschenbergpalais Kempinski oder im Berliner Hotel de Rome. Hamburger treffen sich gerne zu Cream Tea mit Scones, Clotted Cream und Marmelade in »Lühmanns Teestube« und natürlich »very british«

im Hotel Atlantic Kempinski, die anglophilen Hannoveraner schätzen das Central-Hotel Kaiserhof. In Dortmund bezaubert »Victorias Cottage Café«, in Köln ist Tea Time im Savoy Hotel angesagt. Besonders elegant gestaltet sich Traditional Afternoon Tea im Stuttgarter »English Tearoom« und in München genießt man den Afternoon Tea im Mandarin Oriental, in wohnzimmerhafter Atmosphäre im Hotel Vier Jahreszeiten Kempinski oder im »Victorian Tea House«.

② STREET-ART IN KREUZBERG, BERLIN
Bunt, bunter, Berlin

Shoreditch, das Tor zum Londoner East End, einst Slum, heute angesagtes Viertel mit Galerien, Bars, Cafés, Restaurants und Märkten, besitzt eine besonders reiche Street-Art-Kultur. Hier kann man Murals – kreative Wandmalereien im öffentlichen Raum – der renommiertesten internationalen Künstler sehen. Aber Berlin-Kreuzberg kann da locker mithalten. »Alles so schön bunt hier.« Unter diesem Motto führt der Reiseblog »Hier Da Dort« auf einer bis zu 15 Kilometer langen Tour (zu Fuß oder mit dem Rad) zu den coolsten Murals, Throw-ups (schnell hingesprühte Buchstabenreihen) und Stencils (Schablonengraffiti). Da die meisten Murals zum Schutz vor dem Ausbleichen an nach Norden blickende Wände gesprüht werden, zieht man im Sommer idealerweise frühmorgens oder abends los, um sie im besten Fotografierlicht zu sehen. Wer zu faul zum Laufen ist: Schon in unmittelbarer Nähe des U-Bahnhofs Heinrich-Heine-Straße sind tolle Eyecatcher zu sehen. Einige Künstlernamen gefällig? Case, Various & Gould, Millo, Herakut, On ur Dinc, Wes21, Cryptik, Axel Void, Francisco Bosoletti, Young Jarus, TFTS, Jadore Tong, AugustinaBerlin, Alaniz, Elle, Xi-Design, Blu und Smug On.e
>> www.alternativeberlin.com

③ FRANKFURT AM MAIN
Das Duell von Bowler und Batsman

Die Engländer sind verrückt nach Cricket, doch in Deutschland spielt es niemand? Obwohl man wohl noch nie ein deutsches Cricketspiel in der Sportschau gesehen hat, die Herren in Weiß existieren auch hierzulande! Es gibt sogar eine Cricket-Bundesliga und zwei Deutsche Nationalmannschaften (Damen und Herren), wobei sich Duelle mit England wesentlich einseitiger gestalten als im Fußball. Das Schlagballspiel erlebt in Deutschland gerade einen Aufwärtstrend, inzwischen gibt es schon fast 300 Vereine mit über 6 000 Mitgliedern. Das liegt besonders daran, dass immer mehr Menschen aus klassischen Cricket-Staaten – Indien, Pakistan oder Australien – die Reihen verstärken. Also vielleicht einfach mal zuschauen, wenn der Frankfurt Cricket Club ein Heimspiel bestreitet? Bestimmt findet sich ein kundiger Nachbar, der Neulingen freundlich erklärt, was Bowler (Werfer) und Batsman (Schlagmann) zu tun haben und warum Cricket niemals mit Baseball verwechselt werden sollte. Das wäre nämlich »shocking«!
>> www.frankfurt-cricket.de

74

RÜGEN

Beeindruckend wie die englischen Schwestern

Im Nationalpark Jasmund auf Deutschlands größter Ferieninsel ist man sich beim Anblick der beeindruckenden Kreidefelsen plötzlich gar nicht mehr so sicher, ob man sich nicht doch an die Südküste von England verirrt hat. Denn die berühmten Felsen der Seven Sisters zwischen Eastbourne und Seaford, die eindrucksvollsten Klippen der South Downs in Sussex und die schneeweiße Klippe Beachy Head sehen den Kreidefelsen von Rügen, die sich von Sassnitz bis zur Gemeinde Glowe erstrecken, zum Verblüffen ähnlich. Auch die Ostseebäder Sellin und Binz vermitteln den Eindruck, sich in England aufzuhalten. Denn sowohl die Seebrücken als auch das Kurhaus dort erinnern frappierend an die Architektur des englischen Seebads Brighton.

FÜRST-PÜCKLER-PARKS, BAD MUSKAU UND BRANITZ

Englisch inspiriert

Englische Gartenarchitektur, die an berühmte Vorbilder wie die Stourhead Gardens in Wiltshire erinnern, findet man in Deutschland zuhauf: Man denke nur an den Englischen Garten in München und an die Parks von Weimar und Dessau-Wörlitz. Aber was Hermann Fürst Pückler-Muskau (1785–1871) an den idyllischen Oberlausitzer Neiße-Auen nördlich von Görlitz kreierte, ist schlichtweg einzigartig. Pückler ließ sich von den theoretischen Abhandlungen des englischen Gartengestalters Humphry Repton (1752–1818) inspirieren und schlich sich zudem heimlich in englische Privatgärten, um sich Anregungen zu holen. Der Schlosspark von Bad Muskau zeigt, wie gut das gelang: Neu angelegte Seen, einbezogene Wasserläufe, kulissenartige Baumgruppen und mit eisernen Ziergittern eingefasste Blumengärten. 1845 war der Fürst pleite. Dennoch gelang es ihm, auf völlig ebener sandiger Kiefernheide in seinem Erbbesitz Branitz bei Cottbus einen weiteren Landschaftspark nach englischem Vorbild anzulegen. Heute zählt der Branitzer Park zu den schönsten Naturschöpfungen in der Lausitz.

STOCHERKÄHNE, TÜBINGEN

Universitätsstädte und ihre Boote

An die traditionellen Punts, das sind Boote mit flachem Boden und einem quadratisch geschnittenen Bug, der englischen Universitätsstädte Cambridge und Oxford fühlt sich mancher erinnert, der die Stocherkähne von Tübingen sieht. Diese Flachboote aus Hartholz werden auf dem Neckar in Tübingen durch Stocherstangen gesteuert. Der sogenannte Stocherer steht an einem Ende des Bootes und stößt es mit einer bis zu sieben Meter langen Stange vom Grund des flachen Neckars ab. Ursprünglich fuhren Neckarfischer mit dem Tübinger Stocherkahn, doch wie in England ist das Stocherkahnfahren heute nicht mehr aus der studentischen Kultur Tübingens wegzudenken. Viel Publikum zieht das Stocherkahnrennen an Fronleichnam rund um die Neckarinsel an.

7

KLOSTERKIRCHEN WALKENRIED, ALLERHEILIGEN, FRAUENALB UND ELDENA

Romantische Klosterruinen

Die idyllisch gelegenen, dramatischen Ruinen mittelalterlicher Zisterzienserklöster in Yorkshire wie Rievaulx Abbey und Whitby Abbey inspirierten die englischen Romantiker zu Gemälden, Gedichten und Romanen. Doch auch der Anblick der Ruinen der Klosterkirche von Walkenried (das Kloster selbst ist wesentlich besser erhalten) hätte dem Dracula-Autor Bram Stoker gefallen. Nach den Bauernkriegen des 16. Jahrhunderts ist sie

höchst dekorativ verfallen. Kloster Allerheiligen, ein ehemaliges Prämonstratenser-Chorherrenstift im Schwarzwald, ist schon seit über 150 Jahren ein Pilgerort für Fans von »Lost Places«, die es auch zur Ruine von Kloster Frauenalb im oberen Albtal zieht. Die Klosterruine Eldena bei Greifswald ist sogar der Inbegriff deutscher Architekturromantik. Das verdankt die Ruine den Gemälden von Caspar David Friedrich.

8

8 PREIS DER DIANA, DÜSSELDORF UND IFFEZHEIM

Tee und Hüte beim Pferderennen

Englisches Lebensgefühl à la Ascot lässt sich auch in Deutschland finden. Vor allem zwei Pferderennen erinnern hierzulande an das weltberühmte Royal Ascot. Zum einen der Preis der Diana, denn die Düsseldorfer Galopprennbahn, auf der das Rennen ausgetragen wird, erinnert von der Form und mit ihrem Teehaus an Ascot. Zum anderen das Frühjahrsmeeting in Iffezheim. Hier gibt es nicht nur spitzenmäßige Pferde zu sehen, sondern auch auffallende und kunstfertige Hüte auf den Köpfen der Damen. Nicht selten lassen sich zudem Stars und Sternchen bei dem Rennen blicken – ganz genauso wie eben beim Royal Ascot und hier wie dort gilt: Sehen und gesehen werden.

Moikka!

FINNLAND

Seit der Erfindung des Handys schweigen die Finnen nicht mehr in zwei Sprachen, wie es Bertold Brecht einmal ironisch formulierte. Aber nirgendwo funktioniert finnische Kommunikation besser als in der Sauna, in die man das Mobiltelefon gar nicht mitnimmt. Auf der »Herzinsel« im glasklaren Brückentinsee fühlt man sich tatsächlich ein wenig nach Finnland versetzt, aber auch auf einer Husky-Tour durch den tief verschneiten Bayerischen Wald erlebt man finnische Momente. Eine winterliche Stippvisite in Deutschland legen finnische Singschwäne im Nationalpark Unteres Odertal ein. Noch immer der Inbegriff finnischen Designs ist die berühmte Glasvase von Alvar Aalto, der in Wolfsburg aber auch faszinierende Architektur geschaffen hat: ganz wie in Helsinki!

1

SCHLITTENHUNDE, HAIDMÜHLE

Die schönste Art, über den Schnee zu preschen

Lappland ist weit, Haidmühle im niederbayerischen Landkreis Freyung-Grafenau ganz nahe. Diese schneereiche Region verwandelt sich im Winter in ein weißes Zauberland, in dem sich Schlittenhunde besonders wohlfühlen. Sie wollen nur eins: laufen, laufen, laufen! Die Kommandos des »Mushers« werden auf Englisch gegeben: Go! (für den Start), Haw! (für links) und Gee! (für rechts). Schon der Besuch des »Stake-out« genannten Fahrerlagers ist ein Erlebnis. Hier kann man sie ganz aus der Nähe sehen, die immer freudig heulenden Samojedes, Siberian Huskys und Alaskan Malamuts. Wen das Husky-Fieber gepackt hat: In Frauenau, eine knappe Autostunde nordwestlich, gibt es in der Flanitzmühle seit 1988 die erste »Schlittenhundefahrschule« Deutschlands mit 50 Hunden.
>> www.schaidmuehle.de, www.waldschrat-adventure.de

2

UNTERES ODERTAL

Der Klang der heiligen Tiere

Die sogar auf der Ein-Euro-Münze Finnlands abgebildeten eleganten Singschwäne gelten als heilige Tiere. Im Nationalepos »Kalevala« schwimmt im Fluss vor der Unterwelt (Tuonela) ein solcher Singschwan. Der finnische Komponist Jean Sibelius widmete einen Teil seines Musikwerkes

»Lemminkäinen« diesem mystischen Vogel der Unterwelt. Er steht für Reinheit und Würde der finnischen Kultur. Im Winter kann man einige dieser faszinierenden Tiere beim Rasten im Nationalpark Unteres Odertal beobachten. Ende Januar organisiert das Nationalparkhaus spezielle »Singschwantage«: jedenfalls dann, wenn die Oderniederung überflutet und die Witterung nicht zu milde ist. Dann kann man aus respektvoller Entfernung dem melodischen Trompeten dieser Vögel lauschen.

 INSELHOTEL, BRÜCKENTINSEE

Schwitzen auf finnische Art

Urlaub in einem Mökki, also einem typisch finnischen Ferienhaus, mit eigener Sauna auf einem Inselchen der finnischen Seenplatte: Kann man so etwas auch in Deutschland erleben? Auf der »Herzinsel« im glasklaren Brückentinsee geht das tatsächlich, nur ein wenig luxuriöser. Die Wasserbungalows des Inselhotels bieten ebenso finnisches Flair wie die Finnische Blockbohlensauna mit herrlichem Blick auf den See, in den man nach dem letzten Aufguss springt. Die Sauna ist selbst im Winter geöffnet: Mutige wälzen sich dann – wie in Finnland – im Schnee, noch Mutigere tauchen sogar für Sekunden in ein Eisloch des dann zugefrorenen Sees. Auf das Erlebnis einer echten finnischen Rauchsauna muss man allerdings verzichten, die ist nämlich in ganz Deutschland verboten. Doch auch im Brückentinsee gilt: Wenn das Wasser auf die heißen Steine klatscht, der heiße Dampf einen leichten Schauer erzeugt und der Schweiß strömt, dann hat auch die Seele ihre Poren geöffnet.
>> www.inselhotel-brueckentinsee.de

 **WOLFSBURG**

Finnisches Design vom Feinsten

Ohne die revolutionär-modernen Bauten von Alvar Aalto ist das heutige Helsinki gar nicht denkbar. Doch auch in Wolfsburg hat der finnische Designer faszinierende Architektur hinterlassen: Alvar-Aalto-Kulturhaus, Heilig-Geist-Kirche mit Gemeindezentrum sowie die 1968 eingeweihte evangelisch-lutherische Stephanuskirche, einer der schönsten modernen Sakralbauten Deutschlands im Stil des Funktionalismus der 1930er-Jahre, auf den Aalto hier zurückgriff. Die Kirche wurde auf trapezförmigem Grundriss errichtet und mit weißem Carrara-Marmor verkleidet. Auch der blendend weiß gefasste Innenraum mit Empore, indirekter Lichtführung, zweifach gestuftem Altarraum und Decke mit hölzernen, schüsselförmigen Schallreflektoren ist finnisches Design vom Feinsten. »Kaunis!« würde der Finne rufen: Ach wie schön!
>> www.stephanus-wolfsburg.de

82

 5 BAD RIPPOLDSAU-SCHAPBACH, SCHWARZWALD

Auf ein Hallo mit Meister Petz

Die »Bärenrunde« im nordostfinnischen Nationalpark Oulanka bietet das Erlebnis einer urtümlichen Wildnis, in der noch viele Braunbären leben. Um sie zu erspähen, muss man allerdings lange, anstrengende Wanderungen unternehmen, die über schwankende Hängebrücken führen. Auch die Begegnung mit Meister Petz in freier Wildbahn ist nicht ungefährlich, obwohl sich der Bär in der Regel trollt. Garantiert gefahrlos, aber eben nicht wie in einem »normalen« Tierpark, lernt man Braunbären im Alternativen Braun- und Bärenpark Bad Rippoldsau-Schapbach im Schwarzwald kennen. Hier fanden vor allem Bären, die früher in Gefangenschaft lebten oder ausgesetzt wurden, ein neues und artgerechtes Zuhause. Die »Stiftung für Bären« will aber mehr: den Braunbär in freier Wildbahn ansiedeln. Besonders bärentauglich wären beispielsweise Teile der Allgäuer Alpen, Bereiche des Ammergebirges, das Gebiet an der Benediktenwand, das Karwendel, das Mangfallgebirge sowie das Gebiet um den Spitzingsee.
>> www.baer.de

6 FILMFESTTAGE IN LÜBECK, BONN UND BUNDESWEIT

Kino auf Finnisch

Wer sich auch nur ein bisschen mit Filmen aus Finnland auskennt, wird zwei Namen auf jeden Fall kennen: Mika und Aki Kaurismäki. Die beiden Brüder sind die berühmtesten Regisseure Finnlands, wenn auch stilistisch sehr verschieden. Doch während man englische Filme mittlerweile in vielen deutschen Kinos auch in Originalfassung sehen kann, stehen die Chancen, einmal Kino auf Finnisch zu erleben, denkbar schlecht. Doch dank besonderer Events kann man sich auch hierzulande von der vielfältigen und traditionsreichen Filmproduktion Finnlands begeistern lassen: Bei den Nordischen Filmtagen in Lübeck (www.nordische-filmtage.de), den Skandinavischen Filmtagen Bonn (www.skandinavische-filmtage.de/) und dem bundesweiten Nordlichter Filmfestival (www.nordlichter-film.de/) werden neben anderen skandinavischen Filmen aus vielfältigen Genres auch finnische Meisterwerke gezeigt. Und keine Sorge – natürlich mit deutschen Untertiteln.
>> Warner Allee 1, 46244 Bottrop, www.movieparkgermany.de

 7 BARS IN HAMBURG, ESSEN, KÖLN, STUTTGART UND BOCHUM

Finnlands Sound

Nirgendwo gibt es mehr Heavy Metal Bands pro Einwohner als in Finnland und Gruppen wie HIM, Children Of Bodom und Nightwish sind auch über die Landesgrenzen hinweg in der Szene bekannt. Wo fühlt es sich also finnischer an, als in einem Heavy Metal Club mit guter Musik, zu der man die Haare fliegen lassen kann? Empfehlenswerte deutsche Locations dafür sind zum Beispiel der Ballroom Hamburg (www.ballroom-hamburg.de/), das turock in Essen (www.turock.de), das Valhalla Köln (www.valhalla-koeln.de), Stuttgarts LKA-Longhorn (www.lka-longhorn.de) und Matrix in Bochum (www.matrix-bochum.de). Viele Clubs haben auch regelmäßig Livekonzerte zu bieten.

Bonjour, madame/
monsieur!

FRANKREICH

Echtes »savoir-vivre« gibt es auch in Deutschland! Auch hier klackern auf den Sandwegen vieler Parks die Boulekugeln, über die Rosen von Göttingen gibt es ein berühmtes Chanson, und im Lipperland kann man im Sommer sogar durch Lavendelfelder spazieren. Nicht nur Kajakfahrer erinnern Lechfall und Ammerschlucht an die wilden Canyons der Haute-Provence, während die Streuobstwiesen zwischen Saar und Mosel in die Normandie versetzen, nur dass der prickelnde Apfelwein eben »Viez« und nicht »Cidre« heißt. Die Croissants der Boulangerien im Münchner Stadtteil Haidhausen schmecken so fluffig wie in Paris, und wer das größte Frankreichfest Deutschlands erleben will, pilgert im Juli nach Düsseldorf. La vie en rose!

1

1 BAHNEN IN MÜNCHEN, HAMBURG, KÖLN UND BERLIN

Rollende Kugeln

»Tu tires ou tu pointes?« Diese Frage weiß auch in Deutschland jeder Pétanque-Spieler zu beantworten. Bei dem Präzisionssport, der Anfang des 20. Jahrhunderts in Südfrankreich erfunden wurde, geht es darum, ob man die bestplatzierte Kugel der gegnerischen Mannschaft »wegschießt« oder die eigene näher an die kleine rote, »Schweinchen« genannte Kugel wirft. Wie in Frankreich läuft das alles mit viel Diskussion und fachkundigen Zuschauern ab. Pétanque kann man eigentlich auf jeder nicht asphaltierten Fläche spielen. Besonders beliebt ist die Kiesfläche am Eingang zum Münchner Hofgarten. Doch auch die kühlen Hanseaten lassen ihre Kugeln mit Leidenschaft klackern. Den schönsten Ausblick,

nämlich mit tollem Hafenpanorama, bietet die Hamburger Boule-Bahn direkt auf dem Altonaer Balkon. Wer's noch nicht so recht kann, übt in der ehemaligen Sporthalle des Hamburger Rugby-Club in Langenhorn, die zur Boule-Halle umfunktioniert wurde: sehr praktisch auch bei Schietwetter, das in der Provence natürlich seltener vorkommt. Die Kölner spielen sogar nachts, bei Flutlicht, nämlich im Nippeser Boule Club, der auch Schnupperkurse für alle Altersklassen anbietet. Die Hauptstädter treffen sich wiederum unter anderem im Charlottenburger Park oder im Mauerpark, Letzterer mit Blick auf den Berliner Fernsehturm. Dessen silbrig glänzende Kugel erinnert ja geradezu frappant an das urfranzösische Spiel.

2 GÖTTINGEN

Französisch besungene Rosen

Würde man einen Franzosen zur Stadt Göttingen befragen, würde dieser garantiert spontan ausrufen: »Ah, Barbara!« Mit ihrer zärtlichsten Stimme sang die französische Chansonnière Barbara Brodi, gebürtige Monique Andrée Serf, von den »blonden Kindern von Göttingen«, die doch die gleichen seien wie in Paris, und von den wunderschönen Rosen in Göttingen. »Was Barbara dort direkt in unsere Herzen hineingesungen hat, das war für mich der Beginn einer wunderbaren Freundschaft zwischen Deutschen und Franzosen.« So erinnerte 2003 der damalige deutsche Bundeskanzler Gerhard Schröder zum 40. Jahrestag des Élysée-Vertrages in Schloss Versailles unter frenetischem Beifall an das Chanson. »Erzählt mir noch mal von den Rosen in Göttingen« fordert im »Chanson d'Allemagne« die französischen Sängerin Patricia Kaas in Anspielung auf Barbara. Und ja, im Vorgarten des Städtischen Museums Göttingen blüht die zu Ehren der Sängerin kreierte Barbara-Rose, »mit Blüten von einem außergewöhnlich intensiven Rot mit schwarzen sanften Lichtreflexen«, wie sie ihr Züchter rühmte. »Mais Dieu que les roses sont belles / À Göttingen, à Göttingen ...«

3 | HAIDHAUSEN, MÜNCHEN |

Leben wie Gott in Frankreich

Eigentlich ist der Grund, warum Münchens Stadtteil Haidhausen ein »Franzosenviertel« hat, gar kein schöner. Die Straßennamen – Pariser Straße, Belfortstraße, Sedanstraße, Orleansplatz – erinnern nämlich an siegreiche Schlachten im Deutsch-Französischen Krieg von 1870/71. Nur der schöne Bordeauxplatz ist nach der französischen Partnerstadt benannt. Besonders französisch wirkt der Weißenburger Platz, dessen sternförmige Bündelung der Straßen an den Haussmann-Stil der Place Charles-de-Gaulle erinnert. Einen Katzensprung entfernt serviert die »Boulangerie Claude & Julien« (Elsässer Straße 25) himmlische Croissants, wenige Schritte weiter führt »Bazar Cuisine« (Balanstraße 8) feine Küchenutensilien, hausgemachtes Gebäck und Delikatessen aus Frankreich. Dann ist es Zeit für die feinen bretonischen Galettes der »Crêperie Bernard & Bernard« (Innere Wiener Straße 32). Zum Abendessen lassen sich Frankophile dann Austern und Entrecôte auf der Terrasse des Restaurants Le Faubourg (Kirchenstraße 5) schmecken. Leben wie Gott in Frankreich: Sakradi, wie es im bayrisch-französischen Dialekt heißt.

4 | TAOASIS DUFTMANUFAKTUR, LIPPERLAND |

Geheime Provence

»Petite Provence«: Nein, sie sind nicht übergeschnappt im Lipperland rund um Detmold. Seit 2014 bauen Axel und Govinda Meyer von der TAOASIS Duftmanufaktur hier Lavendel an, und das ganz ohne Pestizide. Die lila Felder haben den Vorzug, noch nicht von Instagramern aus aller Welt überrannt zu werden, und duften mindestens genauso gut. Auch Wildbienen und seltene Schmetterlinge zieht das sommerliche Blütenmeer an. Der von Hand geerntete deutsche Lavendel ist tatsächlich exzellent, und das in der firmeneigenen Wasserdampfdestille gewonnene Öl von herausragender Qualität. Da wird man sogar in Grasse an der französischen Riviera neidisch.
>> www.taoasis.com

5 | LECHFALL UND AMMERSCHLUCHT |

Klamm-heimlich

Die Verdonschlucht, französisch Gorges du Verdon, in der Haute-Provence ist einer der größten und eindrucksvollen Canyons Europas. Der türkisfarbene Fluss Verdon ist der Traum aller Wildwasserfahrer. Ganz so dramatisch ist der Lechfall bei Füssen zwar nicht, aber mit seinen kalkweißen Felsen und dem türkisgrünen Wasser erinnert er tatsächlich ein wenig an die Verdonschlucht, besonders wenn man in die kurze, aber tief eingeschnittene Klamm hineinblickt. Immerhin ist der Lech, wie der Verdon, einer der letzten Wildflüsse Europas. Ebenfalls etwas Verdon-Feeling vermittel die Ammerschlucht, die im Bereich des Scheibum durch eindrucksvolle Felsen geprägt ist. Weiter nördlich sind die Steilhänge der Schlucht überwiegend bewaldet. Kanu- und Kajakfahrer kommen hier auf ihre Kosten, ganz wie in der Haute-Provence.

6 FRANKREICHFEST, DÜSSELDORF

On fait la fête!

»La grande fête française«, das größte Frankreichfest Deutschlands, findet alljährlich im Juli in Düsseldorf statt. 100 000 frankophile Besucher zieht es dann in die Stadt. Jedes Jahr stellt sich eine französische Region oder Stadt kulturell, touristisch und kulinarisch vor. Frankreichs Nationalfeiertag am 14. Juli wird natürlich besonders gewürdigt. Auf einem original französischen Markt gibt es feine Leckereien: Wurst aus den Pyrenäen, Oliven und Tapenade aus der Provence, Käse aus der Auvergne, Austern aus der Bucht von Arcachon, aber auch Weine aus Burgund, Cidre aus der Normandie und Rumcocktails von den karibischen Antillen. Am Rheinufer wird promeniert wie an der Seine.

>> www.duesseldorfer-frankreich-fest.de

7 BUNDESWEIT

Architektonische Doppelgänger

Überall in Deutschland stößt man auf eindrucksvolle Bauten, die an Frankreich erinnern. Dass die Münster von Regensburg, Ulm und Köln dem Vorbild französischer Kathedralen folgen, versteht sich. Während Herrenchiemsee König Ludwigs II. Traum von Versailles ist, gilt die barocke Schlossanlage von Nordkirchen im südlichen Münsterland als »Westfälisches Versailles«. Wussten Sie, dass Schloss Schwerin frappant an das prachtvolle Château Chambord an der Loire erinnert, und dass es der große Wendelstein des Renaissanceschlosses in Torgau absolut mit der berühmten linksgewundenen Wendeltreppe des Château Royal de Blois aufnehmen kann? Die Göltzschtalbrücke im sächsischen Vogtlandkreis gilt als Deutschlands Pont du Gard, ist natürlich wesentlich jünger, dafür aber die größte Ziegelstein-Brücke der Welt. Wenn die Burg Hohenzollern märchenhaft über den Wolken zu schweben scheint, kommen Assoziationen an den Mont Saint-Michel auf. Burg Kriebstein in Sachsen erinnert wiederum an oberhalb der Dordogne aufsteigende Burgen, die Barockbibliothek Kloster Metten an die berühmte humanistische Bibliothek im elsässischen Sélestat und die Stadtbibliothek Ulm leistet sich eine Glaspyramide wie der Pariser Louvre. Aber sogar ganze Städte werden mit französischen Pendants verglichen: Heidelberg mit Béziers und Nördlingen mit Carcassonne. Und mit dem Berliner Funkturm gibt es sogar einen »Eiffelturm« an der Spree.

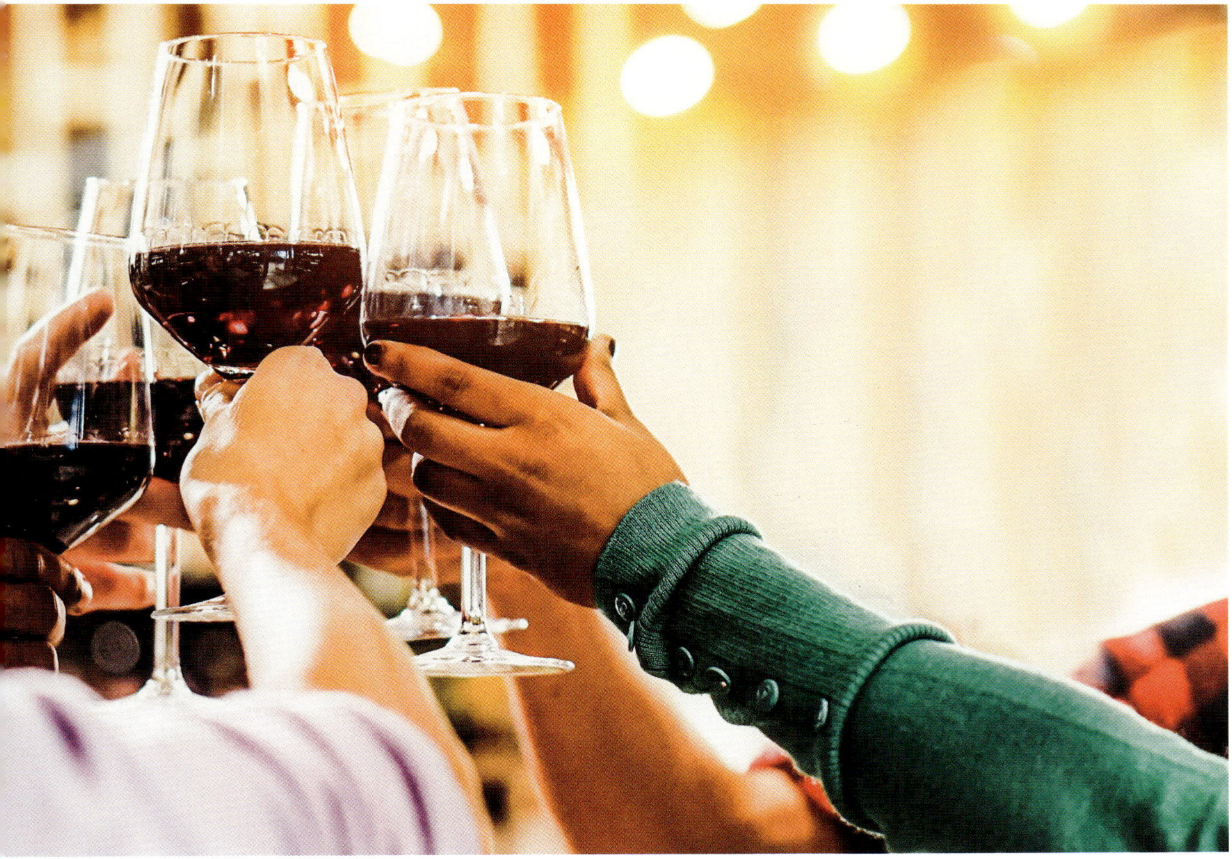

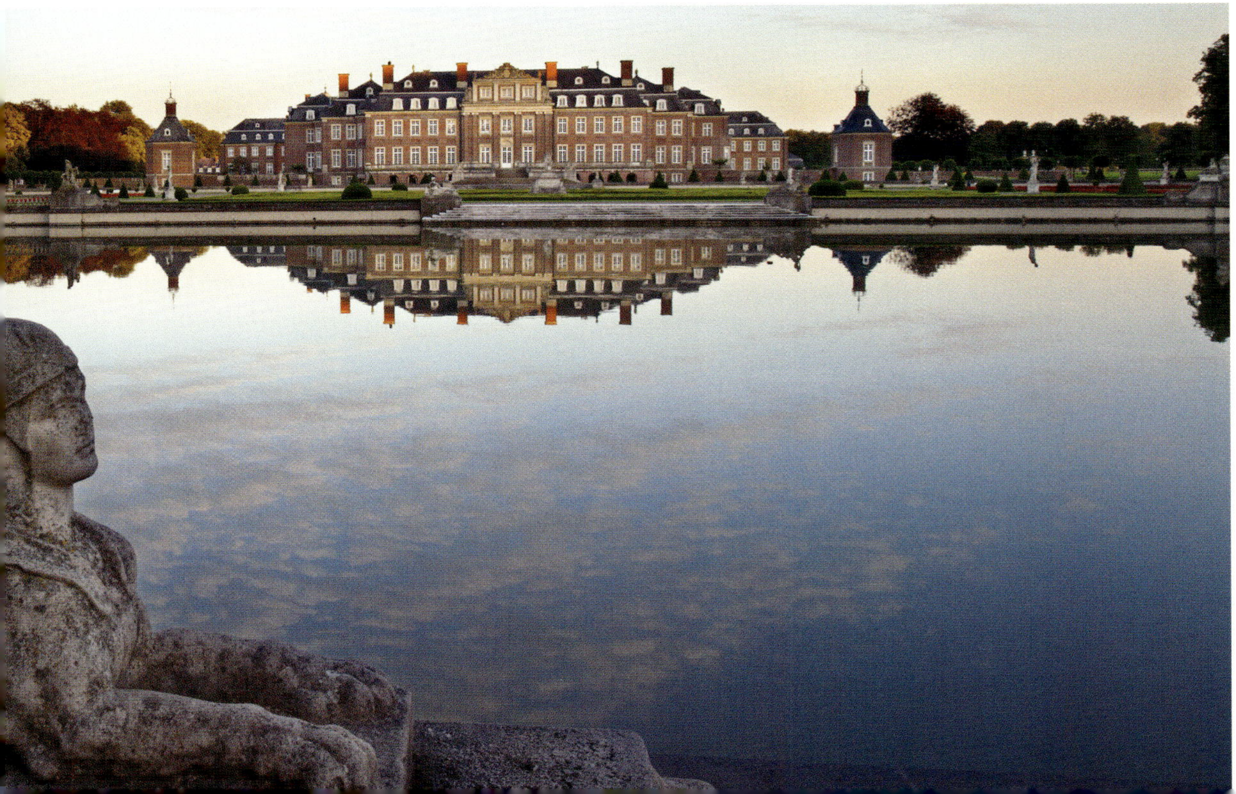

8 ÄPPELKESCHD ZWISCHEN SAAR UND MOSEL
Der Geschmack Frankreichs

Apfelbäume, wohin man schaut, prägen die Normandie und sorgen für die Produktion von Calvados und Cidre. Doch auch die Menschen der »Äppelkeschd« genannten Genusslandschaft zwischen Saar und Mosel, eine von Streuobstwiesen gesprenkelte Region, trinken gerne ihren »Viez« genannten Apfelwein. »Unsere Landschaft schmeckt« lautet die Devise der Viezstraße, die in Nord-Süd-Richtung von Konz an der Mosel durch die abwechslungsreiche Landschaft des Saar-Mosel-Gaues verläuft und dabei jede Menge gemütliche Restaurants und Gasthäuser sowie Landwirte mit eigenen Brennereien, Probierstuben und Bauernläden ansteuert. In Tünsdorf macht der Bio-Obstbauer Josef Jacoby die wunderbarsten Leckereien aus Äpfeln: vom im Holzfass gereiften Balsamico-Apfelessig über Quitten-Apfel-Gelee bis zum Äppelprickler-Sekt – eine Flaschengärung, die langsam im Felsenkeller reift. Der schmeckt auch verwöhnten französischen Gaumen.

Savoir-vivre

Jeder weiß, dass Franzosen zu leben wissen – savoir-vivre eben. Auch hierzulande haben sich viele diese Kunst abgeschaut und so trifft man auch in deutschen Städten auf französisches Lebensgefühl. Zum Beispiel überall dort, wo auf Feiern das Essen nicht nur Mittel zum Zweck ist, sondern gemeinsam genossen wird. Dass dabei gerne einmal ein paar Stunden vergehen können, ist für französische Verhältnisse normal. Savoir-vivre heißt im Kern aber auch das Pflegen eines guten Umgangs mit seinen Mitmenschen und ein rücksichtsvolles, höfliches Benehmen. Und nicht zuletzt gehört auch der French Chic zum savoir-vivre: Minimalismus, Zeitlosigkeit, Eleganz sind die Kernpunkte des Kleidungsstils, um den besonders Pariserinnen oft beneidet werden.

γεια σου!

Jassu!

»Und am Ufer steh' ich lange Tage, das Land der Griechen mit der Seele suchend« dichtete Goethe. Der bayrische König Ludwig I. suchte nicht nur, er holte die griechische Antike an die Isar. Aber nicht nur rund um den Münchner Königsplatz, auch in vielen anderen deutschen Städten sind großartige Zeugnisse der antiken griechischen Kunst zu bewundern. Griechische Einwanderer und Griechenlandtouristen haben wiederum modernes Lebensgefühl aus Hellas mit nach Deutschland gebracht, von Frappé-Kaffee bis zu den ungemein leckeren Mezé-Häppchen, aber auch Musik, Tanz und die »Kefi« genannte griechische Leichtigkeit des Seins. So kann man auch in Deutschland den liebenswerten Alexis Sorbas in sich entdecken.

SALVATORKIRCHE, MÜNCHEN
Orthodoxe Glaubensfreude

Griechische Ostern in München: Mitten in der Nacht verteilt der schwarzgewandete Pope das »Heilige Feuer« an die Gläubigen und spricht die erlösenden Worte: »Christos anexi!« »Wahrlich er ist auferstanden!«. In der spätgotischen Salvatorkirche kann man diese ergreifende Osterliturgie erleben, denn sie wurde 1828 durch eine Verfügung von König Ludwig I. den griechisch-orthodoxen Christen in München überlassen. Seitdem gehört sie zur Griechisch-orthodoxen Metropolie von Deutschland und wird »Verklärung des Erlösers« genannt. Die Ikonen der wertvollen Ikonostase stammen von alten Meistern aus Griechenland. Besonders schön ist die große Panagia-Ikone im Vorraum sowie die Pantokrator-Ikone.

THE WINEHOUSE, ULM UND WINE & NATURE, HAMBURG
Im Reich des Dionysos

Noch Jahrzehnte, nachdem Udo Jürgens den hellenischen Rebensaft gefeiert hatte, dachte man in Deutschland hauptsächlich an geharzten Retsina und allzu lieblichen Imiglykos. Bis heute ist die Auswahl in vielen griechischen Feinkostläden erstaunlich klein. Charalampos Papapostolou und Anestis Haitidis wollen das ändern. Ihre Ulmer Weinhandlung »The Winehouse« (www.the-winehouse.de) hat sich auf junge spannende Tropfen aus Hellas spezialisiert. 23 individuelle Weingüter aus ganz Griechenland, die Weine mit Handschrift liefern, vom spontan vergorenen Amphorenwein über Schaumweine aus autochthonen Sorten bis zum Orange-Wein. Die tanninreichen Bioweine von Xinomavro wird man sich ebenso merken müssen wie die herbfruchtigen Tropfen von Tetramythos oder die an feine Burgunder erinnernden Gewächse der Aslanis Winery. Dass auch Retsina beste Qualität haben kann, beweist Gikas Pine Forest: Retsina aus der edlen Assyrtiko-Traube mit Zitrus- und Pfirsichnoten sowie feinem Kiefernnadelaroma. Wine & Nature in Hamburg (www.griechenland-weine.de) vertreibt ebenfalls hochwertigen griechischen Wein.

SOUXÉ MEZÉ, MÜNCHEN
Viele Häppchen Lebensfreude

Von wegen Moussaka und Souvlaki! Die griechische Küche läuft besonders bei ihren leckeren Vorspeisen zur Höchstform auf. Am besten kommt man in Gesellschaft, um sich durch die herrliche Auswahl an Mezedes (so der korrekte Plural von Mezé) zu probieren. Tsatsiki und die Fischrogencreme Taramas kennen die meisten, kalt servierte Klassiker sind auch die Auberginencreme Melitzanosalata, die pikante Schafskäsecreme Tirokafteri, die Dolmadakia genannten gefüllten Weinblätter mit Reis und Kräutern, und natürlich Fetakäse mit Olivenöl und Oregano. Zu den warmen Leckereien zählen die Hackfleischbällchen Keftedakia und Melitzana, gefüllte Aubergine mit frischen Tomaten und Feta. Dazu trinkt man offene griechische Weine. Direkt an der Münchner Freiheit serviert Souxé Mezé diese Leckereien. Um die griechische Gastfreundschaft nicht unnötig zu strapazieren, verzichtet man auf den Hinweis, dass der Ursprung des Wortes Mezé aus dem Persischen kommt, und die griechische Tradition eigentlich ein Erbe des Osmanischen Reichs ist.
>> Feilitzschstr. 10, München, www.souxemeze.de

FRAPPÉ, LÜNEBURG

Griechische Kaffeekunde

Griechischen Kaffee (»ellinikós kafes«) stürzt man nicht wie Espresso mit einem Schluck hinunter, sondern man nippt am Tässchen, und das in guter Gesellschaft gerne stundenlang. Zum Einsatz kommen zu einem feinen Pulver gemahlene Arabica-Bohnen der griechischen Marken Loumidis oder Bravo und ein »Briki« genanntes kleines Töpfchen mit langem Stiel, das am besten auf einem Gasherd erwärmt wird. Das Wasser (60 Milliliter) wird mit einem gehäuften Teelöffel Kaffeepulver und Zucker nach Belieben vermischt. Wenn der Kaffee heiß wird, fängt er an zu schäumen. Unbedingt in Ruhe lassen, und wenn sich der Kaffee dem Rand der Briki nähert, vom Herd nehmen und vorsichtig in einer Mokkatasse servieren, damit der Schaum nicht verloren geht. Nach einigen Minuten Wartezeit ist der Kaffeesatz auf den Boden gesunken. Im heißen Sommer genießen Griechen auch gerne Frappé: Löslicher Nescafé, mit Zucker in einem Mixbecher schaumig geschüttelt, in ein hohes Glas mit Eiswürfeln gegossen und mit Wasser aufgefüllt. Das griechische Restaurant »Frappé« in Lüneburg (www.restaurantfrappe.de) hat sich sogar nach dieser Spezialität benannt. Wie beim griechischen Kaffee bestellt man »skétos« (ohne Zucker), »métrios« (ein Löffel Zucker) oder »glykós« (zwei Löffel Zucker) und ein Löffelchen Nescafé. Und auch hier gilt: Langsam genießen!

GRIECHISCHES FEST, SCHWABACH

Kefi, die Leichtigkeit des Seins

In Portugal pflegt man die melancholische Saudade, in Dänemark das Hygge, und in Griechenland »Kefi«: Dieser eigentlich unübersetzbare Begriff umschreibt griechische Lebensfreude, den Augenblick genießen, einfach einen erfreulichen Gemütszustand, egal, wie widrig die Umstände auch sein mögen. Cineasten denken spontan an den Tanz von Alexis Sorbas. Erleben kann man Kefi jedes Jahr im fränkischen Schwabach, wenn die griechische Gemeinde zusammen mit allen anderen Einheimischen auf dem Martin-Luther-Platz ihr Fest feiert, dessen Erlös seit jeher in den Erhalt ihrer Dreieinigkeitskirche fließt. Dann tritt Pfarrer Titos Giannoulis, ein hervorragender Sänger, gemeinsam mit der Schwabacherin Polixeny Politopoulou auf, und am Abend tanzen dann alle Gäste, beschwingt vom griechischen Wein, ausgelassen Sirtaki. Oppaaaa!

⑥ ZOI NTOURANIDOU, LAUPHEIM
Tanzende Völkerverständigung

Beim Tanzen die Alltagssorgen vergessen: Nichts könnte griechischer sein! Zoi Ntouranidou bringt im schwäbischen Landkreis Biberach den Einheimischen die traditionellen Tänze aus der Heimat ihrer Vorfahren bei: den vom Peloponnes stammenden ländlichen Volkstanz Kalamatianos (12 Schritte mit viermal drei Einheiten, auf vier Takte getanzt) und den Chasapiko, eigentlich ein aus Byzanz stammender Tanz der Metzgergilde im 4/4-Rhythmus, aus dem speziell für den Film »Alexis Sorbas« zur Musik von Mikis Theodorakis der Sirtaki kreiert wurde. Die nächste griechische Feier oder Hochzeit kommt bestimmt!

⑦ GREEK BLUES BAND, WINNENDEN
Rembetiko made in Stuttgart

Zwei musikbegeisterte deutsch-griechische Brüder, Nickolaus Hatzis und Konstantin Chatzis, haben den Rembetiko ins schwäbische Winnenden bei Stuttgart »importiert«. Heute besteht die »Greek Blues Band« aus sechs Mitgliedern, die diese 1923 von den Pontosgriechen aus der Türkei nach Griechenland gebrachte und dort lange verpönte griechisch-orientalische Musik der Zuwanderer, der Hafenkneipen und Hinterhöfe in ganz Deutschland immer populärer machen. Die Bouzouki, eine Schalenhalslaute, spielt Georg Konstantis, die arabische Laute Evangelos Dimopoulos, die Bassgitarre Dieter Voral. Für den Gesang sorgt die junge Eirini Chalkia. Sie entstammt einer Musikerfamilie aus dem kleinen Dorf Sikia in Chalkidiki. Die berühmteste Rembetikomelodie ist übrigens »Misirlou« aus dem Film »Pulp Fiction« (1994) von Quentin Tarantino.

नमस्ते

Namaste

Man muss in keinem Ashram, aber auch in keinem Maharadscha-palast gewesen sein, um indisches Lebensgefühl schätzen zu lernen. Mit Ayurveda, der Heilkunst aus Kerala, kann man auch an der Mosel Bekanntschaft schließen, authentische Vipassana-Meditation auch im Vogtland praktizieren. Yoga in herrlichen Berglandschaften? Statt des Himalayas bieten sich die Allgäuer Alpen an! In Hamburg kann man klassischen indischen Tempeltanz studieren, in Berlin das Sitarspiel erlernen, in München herrliche indische Stoffe, in Bremen geheim-nisvolle Gewürze und wieder in Berlin deutsch synchronisierte Bolly-woodfilme auf DVD kaufen. Und wie bunt Indien auch in Deutschland ist, demonstriert der tamilische Sri-Kamadchi-Ampal-Tempel in Hamm.

① SRI-KAMADCHI-AMPAL-TEMPEL, HAMM
Der größte Tempel Kontinentaleuropas

Eingerahmt von Kohlekraftwerk, Schlachthof und Lagerhallen mitten im Industriegebiet im westfälischen Hamm hat sich Deutschlands größte indische Gemeinde einen tamilischen Tempel errichtet, der bei seiner Einweihung im Jahr 2002 der zweitgrößte hinduistische Tempel in Europa war. Geweiht ist er Kamakshi. Sie ist die hauptsächlich in Südindien verehrte tamilische »liebesäugige« Muttergöttin sowie Göttin der Barmherzigkeit: Inbegriff von Schönheit, Ruhe und Frieden. Der gütige Blick (Darshana) der Göttin erfüllt alle an sie gerichteten Bitten und Wünsche. In der Bauweise orientierte sich Architekt Heinz-Rainer Eichhorst streng an dem für Hinduisten wichtigen Kanchi-Kamakshi-Tempel in Kanchipuram, der ehemaligen Hauptstadt des ersten großen südindischen Reiches der Pallavas im heutigen Bundesstaat Tamil Nadu. Über 200 Figuren von Gottheiten in intensiven Pastellfarben zieren die Fassade. Eine große Granitstatue zeigt die vierarmige, in einen roten Sari gekleidete, mit Girlanden geschmückte lächelnde Göttin im Lotussitz. Sie trägt eine mondähnliche Krone, ihre Attribute sind ein Elefantentreiberstock, ein Band, das die Welt der Götter mit der der Menschen verbindet, Bogen aus Zuckerrohr und fünf Pfeile aus Blumen, auf denen ein grüner Papagei sitzt. Unter ihrem Sitz befindet sich das dreidimensionale Sri-Chakra-Zeichen. In ganz Europa berühmt ist das alljährlich stattfindende zweiwöchige Tempelfest im Mai oder Juni. Die Statue der Göttin umrundet auf einem buntgeschmückten Wagen den Tempel und segnet zugleich die Stadt. Ekstatische Tänze und schmerzhafte Kasteiungen (nichts für schwache Gemüter!) begleiten die Prozession.

② AYURVEDA PARKSCHLÖSSCHEN, TRABEN-TRARBACH
Ausbalancierte Energieströme

»Das Wissen vom Leben« so die Übersetzung des indischen Wortes »Ayurveda«. Es geht hier also um wesentlich mehr als um etwas Wellness, ein paar Massagen, gesundes Essen und lauwarmes Wasser. Die Heilkunst aus Kerala sollte ursprünglich Gesundheit bewahren, heute geht man mit ihr Krankheiten auf den Grund. Wenn das Öl auf die Stirn fließt, verbinden sich die Tropfen zu einem warmen Strahl. So heißt eine der bekanntesten ayurvedischen Anwendungen »Shirodhara« und bedeutet: »im Fluss sein mit Gedanken und Gefühlen«. Gerade für gestresste Menschen wirkt Shirodhara Wunder, Schlafstörungen und Erschöpfungszustände verschwinden. Viele Menschen wollen aber einfach nur, dass die Pfunde purzeln. Allerdings geht es hier weniger um kurzfristige Erfolge, sondern um dauerhaftes Wohlbefinden. Die jahrhundertealte Lebensphilosophie des Ayurveda wurzelt in den drei Doshas genannten Energieströmen Kapha, Pitta und Vata, die alle körperlichen und seelischen Vorgänge regeln. Stress oder falsche Ernährung führen zu Störungen im Gleichgewicht und verursachen Krankheiten und Probleme. Dieses Gleichgewicht gilt es wieder herzustellen. Die Luxusvariante bietet das Ayurveda Parkschlösschen in bezaubernder Mosellandschaft. Es hat sich auf Panchakarma-Reinigungskuren des Ayurveda spezialisiert. Diese »fünffache Handlung« ist eine der Phasen der ayurvedischen Wiederherstellung der Lebensenergien.
>> Wildbadstr. 201, Traben-Trarbach, www.ayurveda-parkschloesschen.de

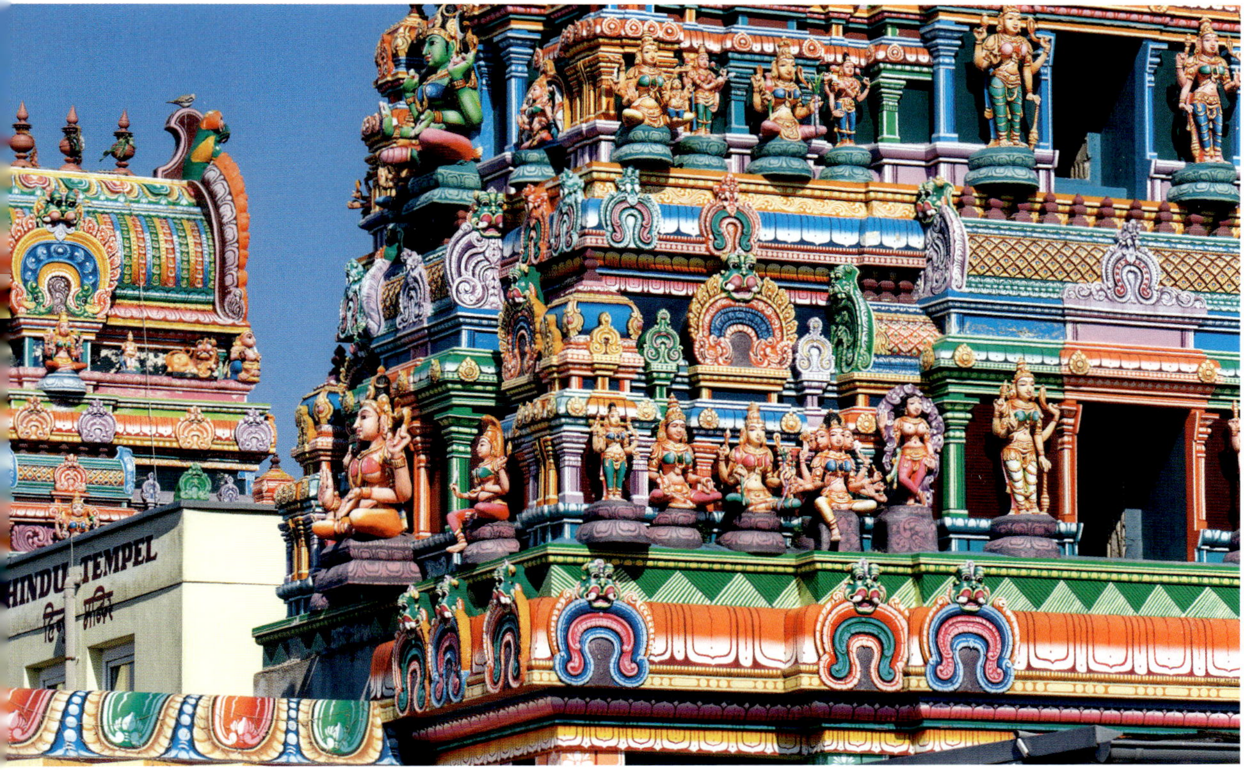
HINDU TEMPEL

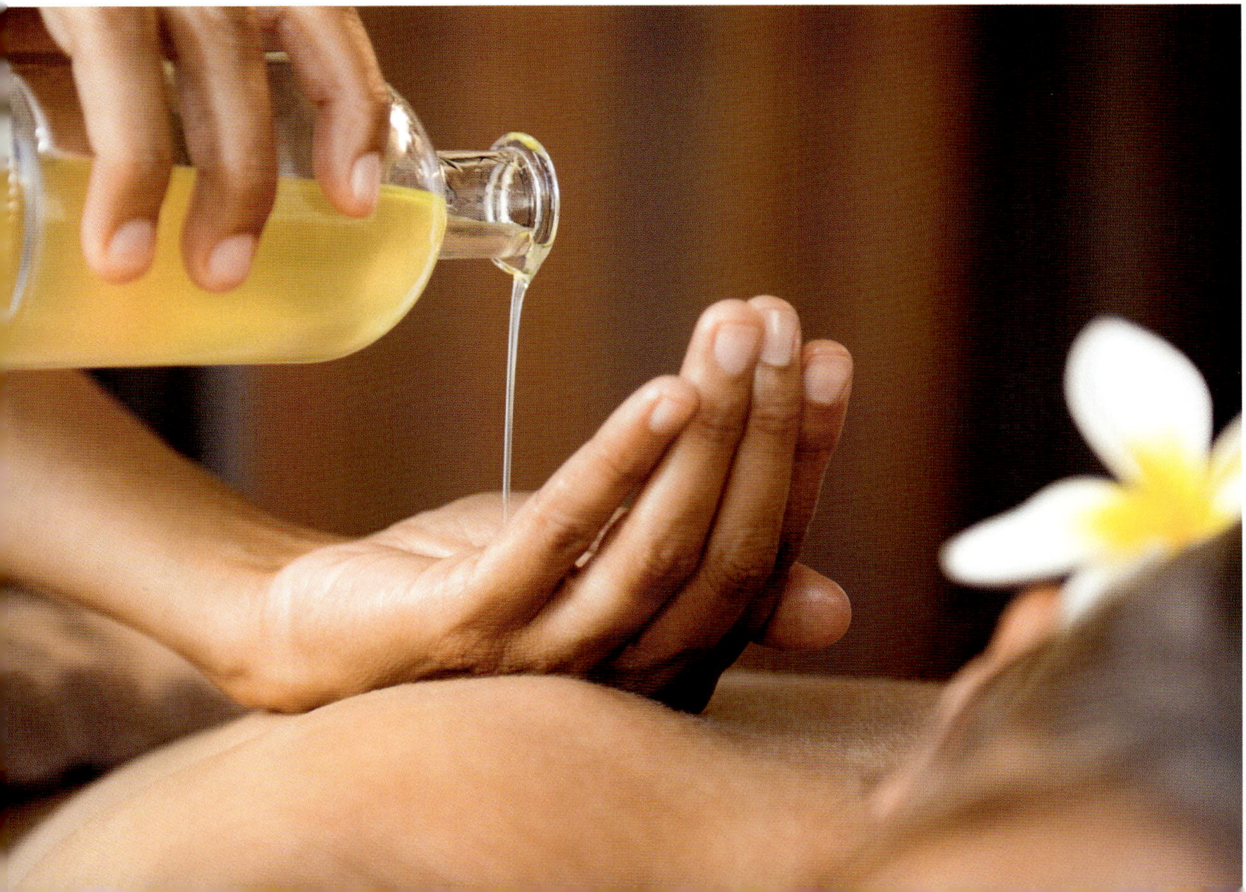

3 MEDITATIONSZENTRUM DHAMMA DVĀRA, VOGTLAND

Kunst des Lebens

Das Wort »Vipassanā« stammt aus dem Pali und bezeichnet im Buddhismus so viel wie »die Dinge zu sehen, wie sie wirklich sind«: die Einsicht in die drei Daseinsmerkmale Unbeständigkeit (anicca), Nichtgenügen (dukkha) und Nicht-Selbst (anatta). Die Vipassana-Meditation (vipassanā-bhāvanā) wurde in Indien vor über 2500 Jahren von Buddha wiederentdeckt und von ihm als ein universelles Heilmittel gegen universelle Krankheiten sowie als eine Kunst zu leben gelehrt. Sie eröffnet Wege der Selbstveränderung durch Selbstbeobachtung, um das durch Nichtsehen und Verblendung verursachte Leiden zu überwinden und im Idealfall das Glück vollkommener Befreiung (Nirwana) zu erreichen. Man muss kein Buddhist sein, um die zentrale Übung von Achtsamkeit (sati) durchzuführen, wie sie zum Beispiel im Zentrum Dhamma Dvāra im idyllischen sächsischen Vogtland kostenfrei angeboten wird. In der Regel sind es zwei Zehntagekurse pro Monat.
>> www.dvara.dhamma.org

4 BREMER GEWÜRZHANDEL, BREMEN

Exotisches für die Nase

Eigentlich sind die portugiesischen Seefahrer unter Vasco da Gama nur der Gewürze wegen nach Indien aufgebrochen. Heute muss man dazu nicht mehr das Kap der Guten Hoffnung umsegeln, sondern fährt einfach nach Bremen. Im kleinen Ladengeschäft erwartet Kunden eine Explosion der Düfte und Farben von Chili, Kümmel, Pfeffer, Muskat, Madrascurry, Paprika und Zimt in faszinierender Vielfalt, und das alles ohne irgendwelche Zusatzstoffe. Danach wird man orientalische Gewürze nie wieder gemahlen in schnöden Dosen kaufen wollen.
>> Emil-Sommer-Str. 10, Bremen, www.bremer-gewuerzhandel.de

5 INDIA STORE, BERLIN

Herzschmerz und bunte Kostüme

»Wohin das Schicksal uns führt«, »Single, nein danke«, »Schatten der Sehnsucht«, »Und ganz plötzlich ist es Liebe«, »Bittersüße Erinnerungen«, »Wenn sich Liebe in Gift verwandelt«: Keine Frage, das sind Titel berühmter Schmachtfetzen aus Bollywood. All diese Schätze in deutscher Synchronisierung zu finden ist gar nicht so einfach, seit der auf diese Filme spezialisierte TV-Sender Zeeone seinen Betrieb eingestellt hat. Zum Glück führt der Berliner India Store eine riesige Auswahl. Hat man sich dann endlich für einen der zahlreichen Filme entschieden, heißt es: rauf aufs Sofa und mitleiden! Natürlich findet man im Store auch gleich die angesagtesten Musikhits zu den Filmen.
>> Potsdamer Str. 100, Berlin, www.india-store.de

6 ODISSI, HAMBURG
Tänzerische Ästhetik

Odissi, eine der sieben bedeutendsten führenden klassischen indischen Tanzformen, wurde schon auf den Skulpturen des über 2000 Jahre alten Sonnentempels von Konark abgebildet. Im 20. Jahrhundert wurde er wiederbelebt und fasziniert durch seine fließenden Bewegungen, statuenhafte Posen und ästhetische Schönheit. Gudrun Märtins hat sich vor nun schon 30 Jahren in den Odissi verliebt, studierte ihn in Indien bei der Meistertänzerin Sangeeta Dash und unterrichtet den Tanz seit 2002 in Deutschland. Dabei hat man die Wahl zwischen verschiedenen Kursen, sodass für Anfänger ebenso etwas geboten wird wie für Fortgeschrittene. Nicht nur die Bewegung steht bei Odissi im Zentrum, auch der Ausdruck ist wichtig, denn tänzerisch werden alte indische Geschichten erzählt.

>> www.odissi.de

7 FANNY HENSEL UND TAGTIGALL, BERLIN
In den Klang Indiens verliebt

Sonnenuntergang in Goa, der Wind trägt das Spiel einer Sitar und die Hexatonik von Raga Marwa herüber: Indien zum Träumen! Das faszinierte auch den Potsdamer Sitarspieler Sebastian Dreyer, der sich der klassischen indischen Raga-Musik verschrieben hat. Erlernt hat er seine Spielkunst bei Gisela Tarwitt und Partha Chatterjee, beide berühmte Sitaristen. Inzwischen pflegt Sebastian seinen individuellen Stil und ist mit Konzerten in der ganzen Welt erfolgreich. Seit 2006 unterrichtet er klassische indische Musik an der Städtischen Musikschule »Fanny Hensel« (www.musikschule-fanny-hensel.de), an der privaten Musikschule »Tagtigall« in Berlin-Neukölln (www.tagtigall.de) und erteilt außerdem Privatunterricht in Potsdam-Babelsberg.

>> www.sebastian-dreyer.de

8 BAYERISCHE ALPEN

Yoga in den Bergen

Yoga ist eine der sechs klassischen Schulen (Darshanas) der indischen Philosophie und weit komplexer als das Hatha Yoga, der fünfte Yoga-Weg, in dem das Gleichgewicht zwischen Körper und Geist vor allem durch körperliche Übungen (Asanas), durch Atemübungen (Pranayama) und Meditation angestrebt wird. Wie dem auch sei: Luxuriöse Yoga Retreats sind angesagt, besonders in der herrlichen Natur der bayerischen Berge. Holistische Erholung auf über 1000 Meter Höhe mit Yoga- und Achtsamkeitsworkshops bietet die Allgäuer Hubertus Alpin Lodge & Spa in Balderschwang (www.hotel-hubertus.de), fließendes Inyasa-Yoga lehrt Franziska Thurm von »Yogaglück« in Füssen (www.yogaglück-füssen.de), die ihre Kurse auch im Wellnesshotel »Das Rübezahl« in Schwangau (www.hotelruebezahl.de) gibt und 2022 hoffentlich wieder das »Yogaglück-Festival« veranstalten kann. Besonders stilvoll praktiziert man Hatha Yoga im vom japanischen Stararchitekten Kengo Kuma mitten im Wald entworfenen Meditationshaus des auf Yoga spezialisierten Wellnesshotels »Das Kranzbach« in Krün bei Garmisch-Partenkirchen, oder einfach auf der herrlichen Bergwiese des Hotels (www.daskranzbach.de). Eine Übersicht über das Angebot in Deutschland und ganz Europa bietet die Website

>> www.bookyogaretreats.com

8

COSI BASAR, MÜNCHEN
Vielfalt der Formen und Farben

Schon seit 1984 gibt es Cosi Basar, die kleine indische Oase am Münchner Isartor, mit allen Schätzen, die der Subkontinent zu bieten hat, darunter besonders schöne indische Textilien – Kissenhüllen, Tagesdecken, Tischdecken und Schals –, die im aufwendigen Blockprintverfahren mit verschiedenen Holzmodeln bedruckt werden, außerdem äußerst kunstfertige bengalische Kanthastickereien mit Naturmotiven wie Tauben, Eulen und Papageien sowie Phulkari-Stickereien aus dem Punjab, deren Designs Blumen und geometrische Formen zeigen. Beim sogenannten »Mirror Work« werden die Stoffe mit Spiegelbruchstücken bestickt. Dazu passt perfekt der in Jaipur hergestellte Schmuck, für den die Maharadscha-Stadt in Rajastan berühmt ist.

>> Westenriederstr. 51, München, www.cosibasar.de

Selamat siang!

INDONESIEN

Wer träumt an kalten Wintertagen nicht von Bali, der Insel der Götter, von Gamelanklängen und dem ausdrucksstarken Legong-Tanz? Auch in Deutschland kann man indonesische Traditionen erleben. Sogar für das Schattenspiel Wayang Kulit hat sich ein Meister gefunden. Dieser sucht allerdings händeringend nach einem Nachfolger, der die nächste Generation mit Geschichten aus alten Epen verzaubert. Faszinierend ist auch die einzigartige Tattoo-Kunst des Hamburger Satapak-Studios, das mit Klopfstab und Tattoo-Nadel uralte indonesische Verzierungen unter die Haut bringt. Sie sollen ebenso magische Wirkungen haben wie die traditionellen Muster der Doppel-Ikat-Webtechnik aus Tenganan, die es in Neuss zu kaufen gibt.

Mystisches Geschichtenerzählen

Die farbig bemalten flachen, kunstvoll aus Büffelleder gestanzten Puppen (wayang = Schatten, kulit = Haut oder Leder) werfen Schatten auf den Bildschirm, die in vorhinduistischer Zeit als kultische Handlung für die Kontaktaufnahme mit den Ahnen fungierten: ein magisches Ritual zur Wiederherstellung der kosmischen Ordnung. Seit hinduistischer Zeit erzählt man mit ihnen Geschichten, zumeist aus den alten indischen Epen Mahabharata und Ramayana. Und doch gleicht keine Aufführung der anderen, denn der Dalang genannte Puppenspieler baut immer wieder Alltagszenen in die alten Sagen ein. Peter Schneider, Gründer des Wieslocher Marionettentheaters (www.marionetten-wiesloch.de), hat an die 30 Stücke geschrieben und verwendet über 300 original javanische Wayang-Figuren, die allesamt von Meister Sihhanto aus Surakarta (Solo) gefertigt wurden. Im Offenbacher Ledermuseum (www.ledermuseum.de) kann man einige erlesene Exemplare dieser Figuren bewundern. Eine große Auswahl führt der »Bali Art Shop« (www.bali-artshop.de).

Hammermäßiger Klang

Gamelanklänge begleiten auf Java und Bali alle Feste, Tanz- und Theateraufführungen. Auf die wichtige Rolle der Schlaginstrumente deutet schon der Name »gamel« hin, altjavanisch für »Hammer«. Im Mittelpunkt des Orchesters stehen die großen Trommeln (kendang); daneben erklingen Metallophone (gender), Xylophone (gambang), Cymbeln und Gongs, bei manchen Orchestern auch Bambusflöten (suling). Die Musiker spielen die streng vorgeschriebenen Melodien aus dem Gedächtnis, da eine Notenschrift nicht bekannt ist. In Deutschland hat sich das Leverkusener Gamelan-Ensemble Taman Indah unter der Leitung von Martin Ehrhardt mit traditionell javanischer und zeitgenössischer Gamelanmusik einen Namen gemacht. Mehrmals im Jahr finden auch Konzerte statt, durch die man sich klanglich nach Indonesien versetzen lassen kann.
>> www.gamelanmusik.de

Getanztes Drama

Immer noch ist es der Traum vieler balinesischer Mädchen, eine berühmte Legong-Tänzerin zu werden, die kunstvoll geschminkt in prachtvollen Gewändern streng vorgeschriebene Bewegungsabläufe vorträgt, mit höchst dramatischem Augenrollen. Der Tanz entstand im vergangenen Jahrhundert an den Fürstenhöfen und erzählt die Geschichte einer Prinzessin, die sich verirrt, von einem König aufgenommen wird und sich seinen Annäherungsversuchen widersetzt. Die Berliner Tanzschule Keller führt in die Geheimnisse des balinesischen Tanzes ein. Moderne und Tradition werden dabei gekonnt vermischt und Bali fühlt sich näher an als der Alexanderplatz.
>> www.tanzschule-berlin.de

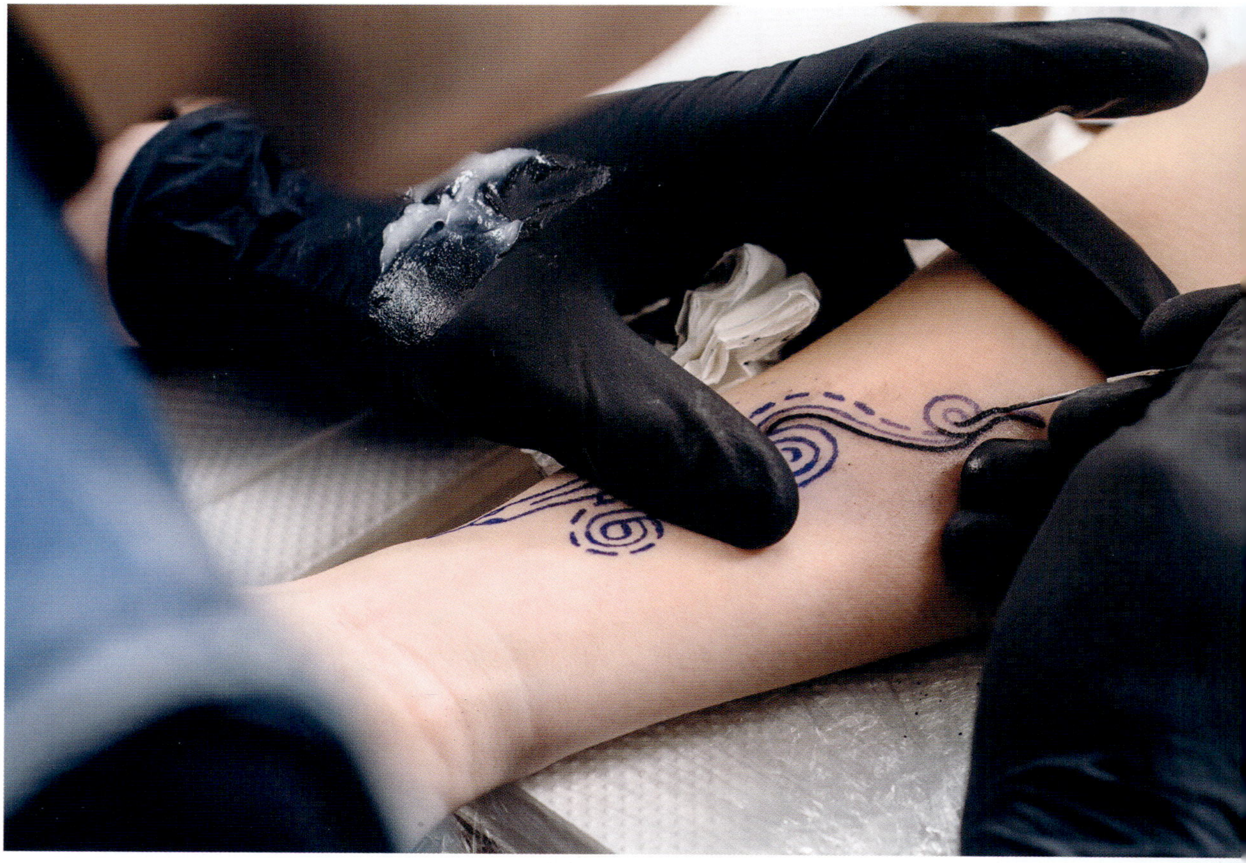

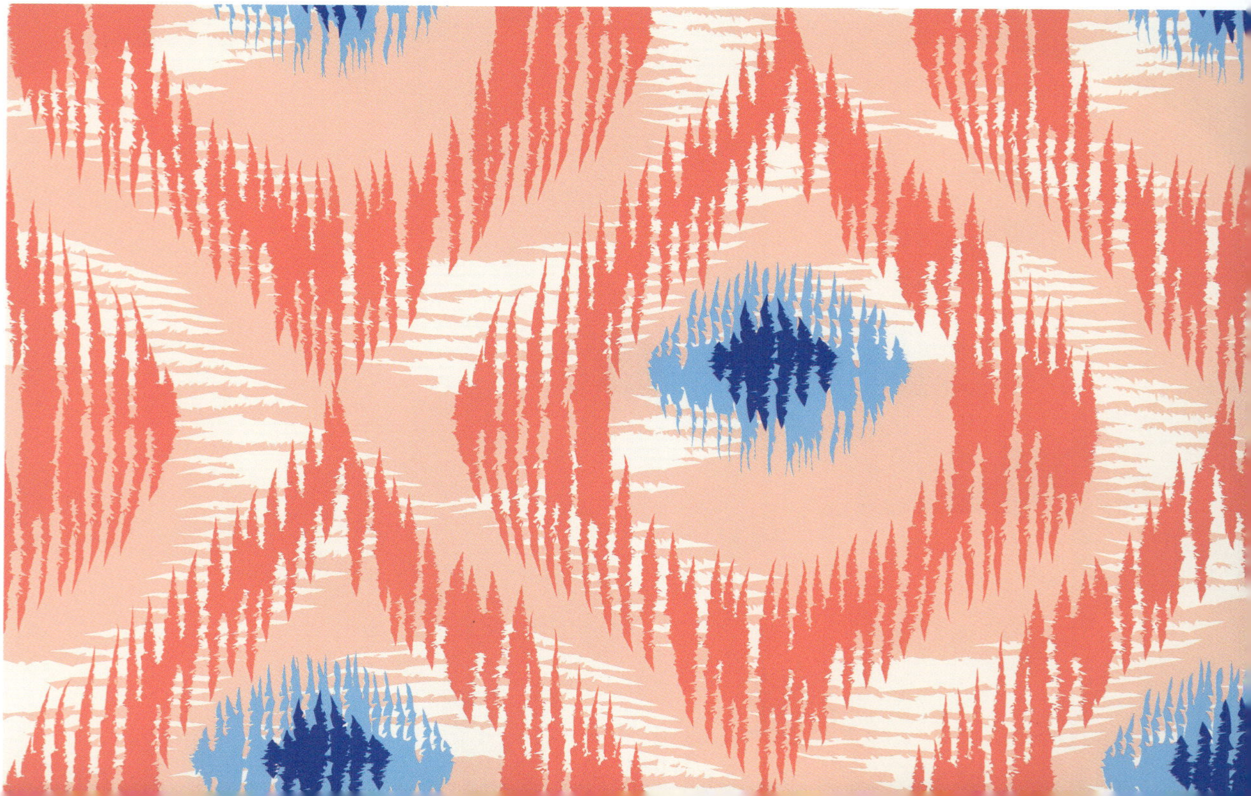

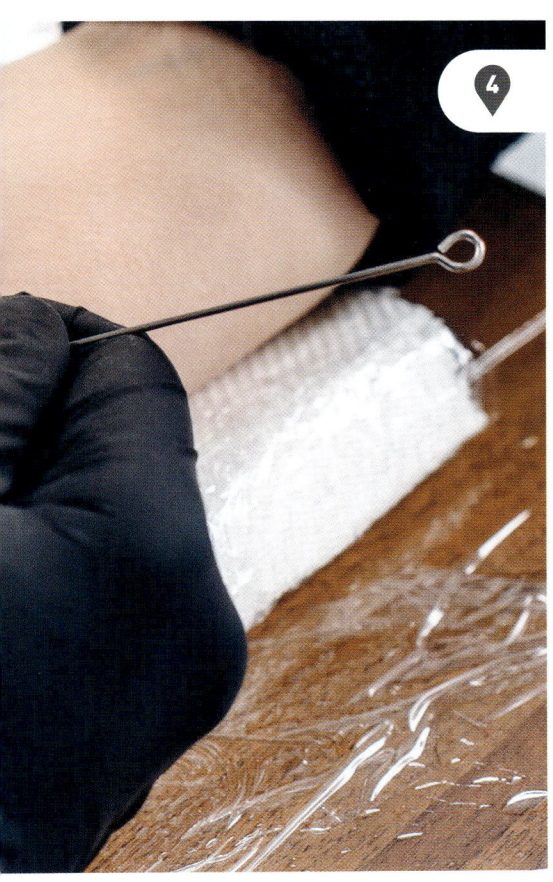

SATAPAK STUDIO, HAMBURG
Geklopfte Hautkunst

»Hand Tapping« ist eine uralte Tradition des Tätowierens, die ursprünglich aus Borneo und der Insel Mentawai stammt und heute noch in Bali praktiziert wird. Dabei verwendet man einen hölzernen Klopfstab mit Tattoo-Nadel, der mit einem weiteren Holzstab geklopft wird. Der Tätowierer arbeitet bei diesem Prozess nicht allein, sondern wird von einem Assistenten, dem »Hautdehner«, unterstützt. Der rhythmische Klang des Holzstabes versetzt den Tätowierten in eine meditative Stimmung und verringert den Schmerz während des Tätowierens. Elektrische Maschinen sind tabu. Die Muster sind ungemein kunstvoll. Besonders das Iban-Design aus Borneo ist mit seinen großformatigen, spirituell aufgeladenen Figuren von Pflanzen, Tieren und auch Menschen einzigartig. Eines der wenigen Studios in Deutschland, die diese Technik anwenden und dabei sehr kunstvolle und individuelle Muster kreieren, ist das Satapak Studio in der Hansestadt. Hier arbeitet der indonesische Tattookünstler Areu Pendul im Sommer, während er im Winter im Schwesterstudio auf Bali zu finden ist.
>> Harkortstr. 22, 22765 Hamburg, www.satapakstudio.com

BALI-LOMBOK SHOP, NEUSS
Vom seidenen Faden

Berühmt in aller Welt ist die Doppel-Ikat-Webtechnik aus Tenganan. Bei diesem hochkomplizierten Verfahren werden bereits vor dem Weben Kett- und Schussfäden nach überlieferten Mustern eingefärbt, die mit viel Geduld und Geschick von Frauen am Webstuhl zusammengefügt werden müssen. Manche der Tücher, die rituellen Zwecken vorbehalten sind, erfordern jahrelange Arbeit. Kein Wunder, dass Nachwuchs für dieses Handwerk rar ist. Die ihrer magischen Wirkung wegen »geringsing« (»Krankheit abwehrend«) genannten Tücher sind in Bali heiß begehrt. Eine schöne Auswahl an Ikat-Stoffen findet man im Neusser Bali-Lombok Shop: Wandhänger, Seiden-Baumwollgeringsing, Tischläufer und Decken. Das Ladengeschäft führt auch hauchdünne Seidenschals und fließende Seidensarongs mit exotischen Mustern, kunstvoll geflochtene Korbwaren sowie Limestone-Lampen aus dem Kalkstein des Lombok-Gebirges.
>> Leibnizstr. 8, Neuss, www.bali-lombok-shop.de

Dia duit!

IRLAND

CARROLL'S
IRISH HEART 5,00€
IRISH FLAG 3,40€
CORK REBEL 3,40€

1,50€
2,50€

Um in Deutschland irisches Lebensgefühl zu genießen, braucht es eigentlich nicht viel: ein Pub, einen Pint öliges Bier, und die Freunde finden sich dann ganz von alleine ein. Ob es überhaupt noch deutsche Städte ohne irische Pubs gibt? Falls ja, einfach der Brauerei Guinness Bescheid geben, die sorgt dann binnen Monaten für Abhilfe. Und jetzt das Ganze in Grün? Am St. Patrick's Day illuminieren sich immer mehr deutsche Städte in den Farben des Kleeblatts und feiern den irischen Nationalheiligen bis in die frühen Morgenstunden. Noch mehr »Irland« bieten die Wasserlandschaften der Müritz, der Brandenburger Havelseen und der Mecklenburgischen Seenplatte, die man – ganz wie den Shannon River – gemächlich mit dem Hausboot erkunden kann.

① MÜRITZ UND HAVEL
Durchs Grüne schippern

Mit dem Hausboot auf dem Shannon River, das ist Entdeckung der Langsamkeit auf Irisch! Das geht aber auch in Brandenburg, ebenso führerscheinfrei wie in Irland. Die Wasserlandschaften der Müritz, der Brandenburger Havelseen und der Mecklenburgischen Seenplatte erinnern stellenweise wirklich an die grüne Insel. Und die Kiste Guinness kann man an Bord schmuggeln. Gefahren wird ohnehin nur in Schrittgeschwindigkeit.
>> www.hausbootvermietung-mueritz.de oder www.havel-cruiser.de

② ST. PATRICK'S DAY, MÜNCHEN
Grün statt weiß-blau

Alles Grün in der bayerischen Landeshauptstadt? Dann muss es der 17. März sein, St. Patrick's Day. In Deutschlands »grüner« Hochburg (was jetzt einmal nichts mit dem Stadtrat zu tun hat) wird bereits seit 1996 das Fest des irischen Nationalheiligen mit einer Parade begangen. Ein ausgelassener und mit Guinness beschwingter Zug paradiert von der Münchner Freiheit zum Odeonsplatz, wo ein Bühnenprogramm mit traditioneller Segnung des Shamrocks (Kleeblatts) und Auftritten irischer Bands stattfindet. Abends werden Hofbräuhaus, Allianz Arena, Olympiaturm und die BMW Welt in Grün illuminiert. Auch in Göttingen und Nürnberg steht St. Patrick's Day hoch im Kurs, und wer ein grünes T-Shirt mit der Aufschrift »Kiss me, I'm Irish« trägt, kommt garantiert auf seine Kosten.

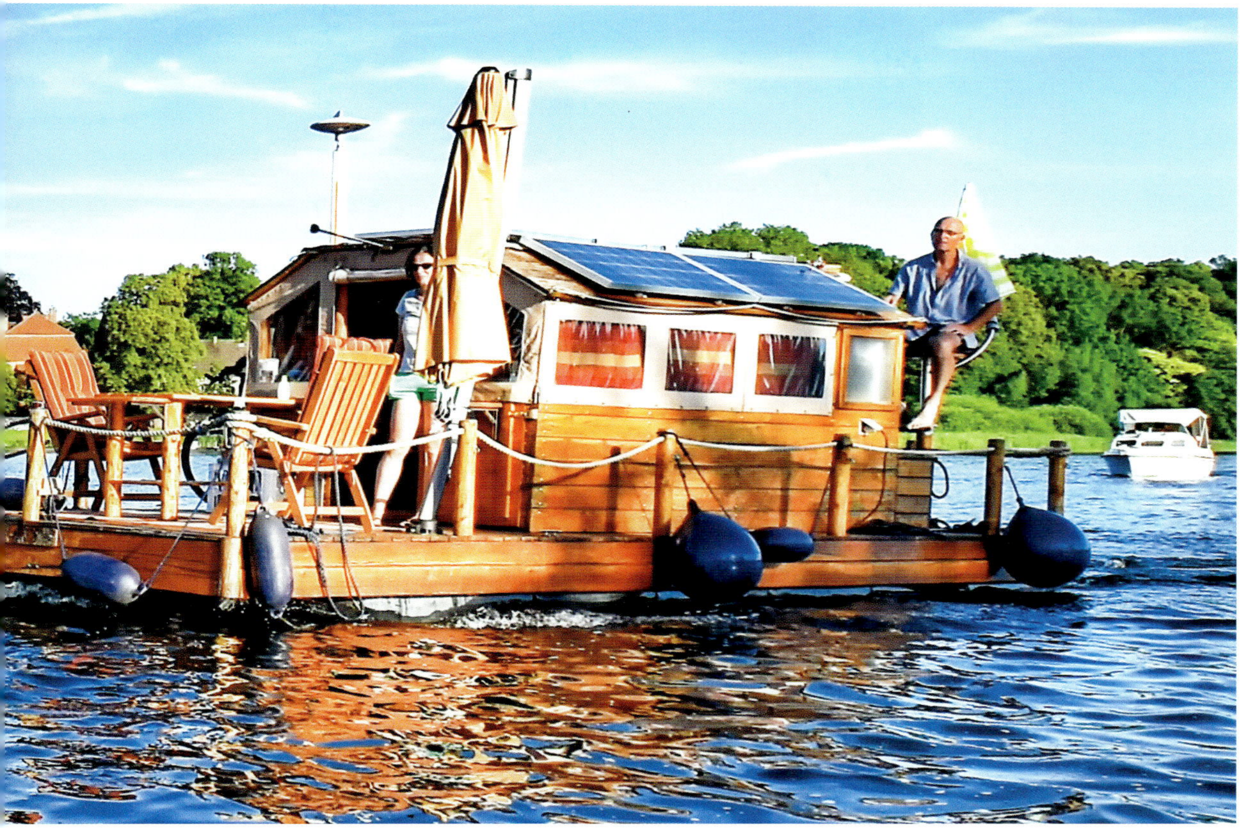

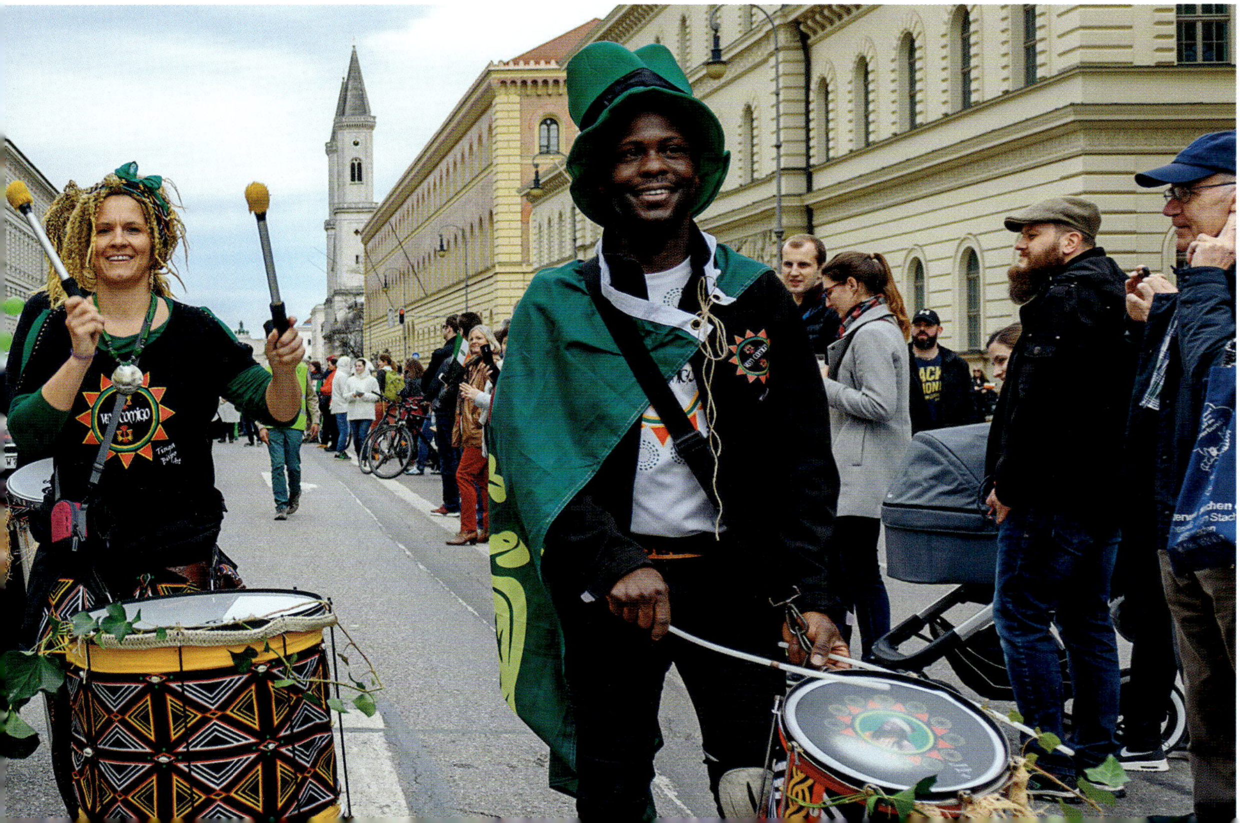

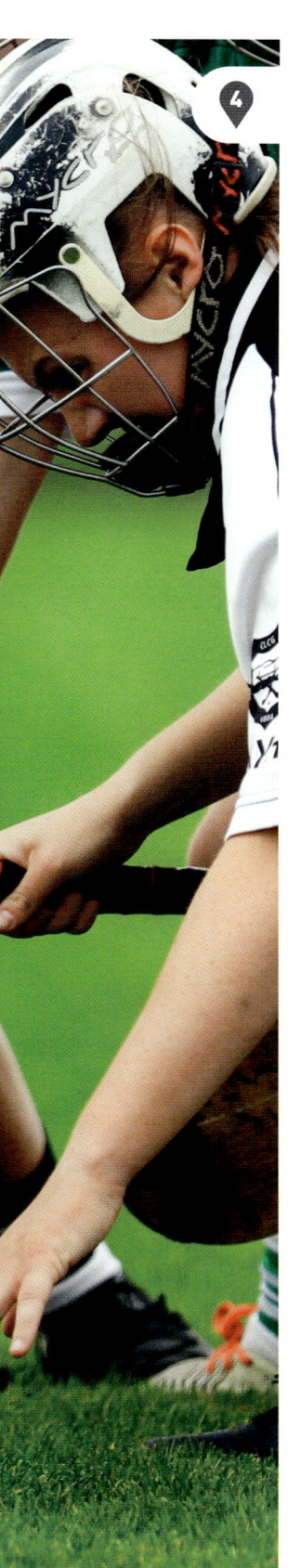

 GESCHICHTENABENDE IN BERLIN, MÜNCHEN UND JENA

Frei von der Seele

Die Tradition des freien Erzählens von Geschichten ist bis heute unfassbar lebendig in Irland. Das ganze Jahr über und an allen Ecken und Enden der Insel finden Literaturabende und Events statt, bei denen durch Storytelling das lauschende Publikum in den Bann gezogen wird – ohne Notizen, ohne eine aufgeschriebene Geschichte. In Deutschland muss man etwas länger nach solchen Veranstaltungen suchen, aber auch hierzulande findet man zum Beispiel das THE BEAR in Berlin, bei dem sogar häufig bilingual erzählt wird, The Storyteller's Night in München oder in Jena die Lange Nacht der Geschichten.

 BERLIN, HAMBURG, DRESDEN ETC.

Irischer Sportsgeist

So irisch wie grüne Kleeblätter sind die Sportarten Camogie und Hurling – beides im Prinzip dasselbe, nur dass Camogie für Frauen und Hurling für Männer ist. Entsprechend viel Irland-Flair kommt auf, wenn der Deutsche Bund Gälischer Sportarten zur jährlichen Meisterschaft in den von Schnelligkeit geprägten, spannenden Disziplinen aufruft. Berlin, Hamburg, Dresden und Co. treten dann mit ihrer Mannschaft an und versuchen, mit dem Sliotar (einem Ball mit rund sieben Zentimetern Durchmesser) so viele Tore und Punkte wie möglich zu erreichen. Wenn dann auf den Sieg angestoßen wird, ist die grüne Insel zum Greifen nah.

>> www.germangaa.de/hurling-und-camogie/

Eine feucht-fröhliche Angelegenheit

Machen wir uns nichts vor: Die vielen Irish Pubs dieser Welt werden zumeist nicht von heimwehkranken Auswanderern betrieben. Hinter ihnen steckt oft eine Franchise-Idee von Guinness. Daher sehen sogar Neueröffnungen aus, als gäbe es sie schon Jahrzehnte. Irische Handwerker kreieren Patina binnen zwei Wochen! Egal, was zählt ist die Geselligkeit. Fremde werden in irischen Pubs schnell in eine fröhliche Runde integriert. Achten Sie allerdings darauf, dass deren Mitglieder die Anzahl der Pints, die sie trinken und bezahlen können, nicht übersteigt! Denn es gehört sich, dass jeder Zecher einmal am Tresen eine Runde Getränke bezahlt und an den Tisch bringt. Das älteste Lokal ist übrigens das schon 1977 in München eröffnete Irish Folk Pub, eines der schönsten vielleicht der Irish Pub Koblenz. Aber um sicherzugehen, müsste man viele Pints Guinness trinken, denn es dürfte in Deutschland inzwischen Hunderte geben. Sláinte!

שָׁלוֹם עֲלֵיכֶם

Shalom Aleichem

ISRAEL

Schon vor 1700 Jahren wurde die jüdische Gemeinde von Köln in einem Dekret von Kaiser Konstantin erwähnt. Ungebrochen war die lange Geschichte der Juden in Deutschland leider nicht, wie die zahlreichen hervorragenden Jüdischen Museen dokumentieren. Zu jeder Zeit gab es Pogrome, Ausgrenzungen und Verfolgungen. Doch heute zeugen moderne, atemberaubend schöne Synagogen von neuem Optimismus. Die Vielfalt der jüdischen Küche, ob »glatt koscher« oder nicht, begeistert ebenso wie die Kreativität der Klezmer-Musik. Endlich kann es wahr werden, das uralte jüdische Sabbatlied: »Hine ma tov u'ma-nayim/Shevet ach-im gam ya-chad« (»Schön ist's wenn Schwestern und Brüder friedlich beisammen wohnen«).

126

1 BERLIN
Hipster Sisters

Als Hipster Sisters bezeichnet man zuweilen die deutsche Hauptstadt und Israels Küstenstadt Tel Aviv. Und tatsächlich teilen die beiden Städte einige Gemeinsamkeiten. Zum Beispiel eine blühende Street-Art-Szene. In Tel Aviv ist es besonders der Stadtteil Florentin, in dem die bunten Wandgemälde zu bestaunen sind, in Berlin findet man sie überall in der Stadt verteilt. Auch in anderen Bereichen ist Berlin genauso von Kreativität gesegnet wie Tel Aviv. Wenn man sich die Mode, besonders der jungen Generationen, ansieht, könnten Berliner und Tel Aviver durchaus Geschwister sein: Entspannt und hip zugleich und immer in Sneakers. Und nicht zuletzt sind die Bewohner beider Städte mit einer lässigen Mentalität ausgestattet, ziviler Ungehorsam macht sie zu Verbündeten. Aber auch die tolerante Grundeinstellung ist ihnen gemein, sodass man sowohl in Tel Aviv als auch in Berlin eine große Queere Community und eine lebhafte Szene findet.

2 RESTAURANT EINSTEIN, MÜNCHEN
Israel kulinarisch

Im Gegensatz zur Ohel-Jakob-Synagoge nebenan ist dieses im jüdischen Gemeindezentrum untergebrachte vorzügliche Restaurant frei zugänglich. Es bereitet Spezialitäten der ost-/westeuropäischen, jüdischen und der mediterranen israelischen Küche ausschließlich »glatt koscher« (»koscher l'mehadrin«) zu. Besonders beliebt ist der einmal im Monat angebotene Brunch mit Humus, Tahina, Falafel, Zigarim, Kibbeh, Schakschuka, Schowarma, gefilte Fisch und lauwarmes Pastrami aus eigener Räucherei. Wer Israel nachempfinden, oder besser gesagt nachschmecken möchte, ist hier auf alle Fälle an der richtigen Adresse.
>> www.einstein-restaurant.de

3 JÜDISCHES ZENTRUM MÜNCHEN – SYNAGOGE OHEL JAKOB

Avantgardistische Zeltarchitektur

Inmitten des teilweise doch spätgotischen Ensembles des Jakobsplatzes wirkt Münchens Hauptsynagoge Ohel Jakob (ihr Name bedeutet Jakobszelt) nur anfangs etwas fremd. Dann beginnt der 28 Meter hohe Steinbau aus Travertinstein, der an die Klagemauer in Jerusalem erinnert und von einem Glaskubus mit ineinander verschachtelten Davidsternen aus Stahl gekrönt wird, zu faszinieren. Gerade sein trutziger Anblick vermittelt die tröstliche Botschaft der jüdischen Gemeinde: Hier haben wir gebaut, hier wollen wir bleiben. Das Glasdach stellt ein Zelt (Ohel) dar, das die 40-jährige Wüstenwanderung Moses' symbolisiert. Die hebräischen Buchstaben am Hauptportal zitieren die Zehn Gebote. Die Innenwände sind mit Zedernholz aus dem Libanon getäfelt und mit goldenen Psalmsprüchen verziert. Ein unterirdischer Tunnel zwischen der Synagoge und einem jüdischen Museum beherbergt eine Gedenkstätte für die im Holocaust ermordeten Juden. Leider sind Spontanbesuche aus Sicherheitsbedenken nicht möglich: Man muss eine Führung lange im Voraus buchen. In Dresden und Mainz sind weitere avantgardistische Synagogen zu bewundern.

>> www.juedischeszentrumjakobsplatz.de

3

 KLEZMERSCHICKSEN, BERLIN
Unvergleichlicher Klang

»Klezmer ist fast immer ein Lachen unter Tränen«, so beschrieb der russische Komponist Schostakowitsch diese Klangsprache. Die aus dem aschkenasischen Judentum stammende Volksmusiktradition geht auf das 15. Jahrhundert zurück, ihre religiösen Traditionen sind aber viel älter. Heute wird Klezmer vor allem bei Hochzeiten und anderen Festen gespielt. Unverwechselbar sind ihre Melodielinien, die bewusst den Chasan (Vorbeter in der Synagoge) und paraliturgischen Gesang nachahmen. »Krekhts« (»Schluchzen«) und »Dreydlekh«, eine Art Triller, gehören dazu. Es gibt verschiedene Takte und Stilrichtungen, vom »Freylekh« (»ein fröhliches Stückchen«) im 2/4-Takt bis zum »Khosidl«, der von den Chassidim getanzt wurde. Besonders bewegend ist die »Doina«, ein improvisiertes, normalerweise als Solo aufgeführtes Klagelied, das bei keiner Hochzeit fehlen darf. Gespielt wird heute mit Mandoline, Akkordeon, Klarinette, Basstrommel, Trompete, Horn, Tuba und Posaune. Deutsche Klezmergruppen gibt es heute viele, aber die nichtjüdischen Berliner »Klezmerschicksen« fallen schon etwas aus dem Rahmen: Das Trio – Angelika Hykel, Brigitte Ruddigkeit und Sabine Schmidt – ist nämlich eine reine Frauengruppe! Aber sie beherrscht das gesamte Repertoire der Klezmer-Musik, die über Melancholie, Trauer, Tragik bis zur tänzerisch-fröhlichen Musik für Fest und Feier reicht. Da wird die Bühne zum Schedtl!
>> www.klezmerschicksen.de

Strandfeeling auf israelische Art

Was ist der Nationalsport Israels? Es ist nicht Fußball und auch nicht Tennis, auch wenn beides natürlich beliebt ist. Nein, es ist Matkot. Noch nie gehört? Ausgestattet mit jeweils einem kleinen runden Holzschläger, versuchen zwei Spieler so schnell wie möglich einen Ball hin und her zu schlagen, ohne dass er herunterfällt. Statt Wettbewerb geht es dabei um Teamplay und gutes Zusammenspiel. Das markante Klack-Klack-Klack schallt vielstimmig über die Strände in Israel, doch natürlich braucht man kein Mittelmeer, um diese typisch israelische Freizeitbeschäftigung zu testen. Auch Nordsee- oder Ostseestrände eignen sich hervorragend. Bis es in Deutschland ein Matkot-Museum wie in Tel Aviv gibt, wird vermutlich noch einiges passieren – aber bis dahin kann man sich ja schon einmal israelische Stimmung an den deutschen Strand holen.

JÜDISCHER FRIEDHOF, WORMS

Stumme Zeugen der Vergangenheit

Der älteste jüdische Friedhof nördlich der Alpen in Worms am Rhein wird »Heiliger Sand« genannt, weil der Überlieferung zufolge hier Sand aus Palästina ausgestreut wurde, damit jüdisch Gläubige in »heimatlicher Erde« ruhen konnten. Jüdische Friedhöfe werden für die Ewigkeit angelegt: Dieser hier hat fast 1000 Jahre überdauert, vom Kreuzfahrerheer, das 1096 in Worms Jagd auf Juden machte, bis zur Gewaltherrschaft der Nationalsozialisten, unter denen die jüdische Gemeinde von Worms ausgelöscht wurde. Der älteste erhaltene Grabstein ist der von Jakob ha-bachur; er stammt aus dem Jahr 1076. Über 2000 Steine mit hebräischen Inschriften, überwiegend aus dem 11. bis 17. Jahrhundert, alle nach Süden ausgerichtet, erinnern an eine bewegte Geschichte. Hier ruhen namhafte jüdische Gelehrte: der Märtyrer Rabbi Meir von Rothenburg (Maharam), Elia Loanz (der Baal-Schem von Worms) oder der Rabbi Jakob Mölln aus Mainz (Maharil). Zeugen der langen Geschichte und Kultur der Wormser Juden sind auch die 1961 wiederhergestellte Synagoge mit dem um 1185/86 angelegten und unzerstört erhalten gebliebenen Frauenbad (Mikwe) im vormaligen Judenviertel sowie das Jüdische Museum im Raschi-Haus, das ehemalige Tanz- und Hochzeitshaus der Gemeinde.

Gemeinsamer Freitagabend

Dass in Israel der Samstag als Ruhetag gilt, ist vielen bekannt. Aber wenige werden wissen, dass der Sabbat bereits am Freitagabend beginnt, nämlich mit Sonnenuntergang. Und dazu kommt oft die gesamte Familie zusammen, auch Studierende kehren dann in ihr Elternhaus zurück. So ein gemeinsames Abendessen, das regelmäßig jede Woche stattfindet, verbindet. Warum also nicht auch hierzulande das Wochenende mit einem solchen einläuten? Doch in Deutschland sind die Entfernungen größer als in Israel, für einen Abend mal eben nach Hause fahren nicht immer möglich. Und vor allem wer neu in einer Stadt ist, muss erst einmal neue Bekanntschaften schließen. Eine Möglichkeit dafür bietet das sogenannte Social Dining. Über Plattformen wie Mealmatch (https://mealmatch.de/) kann man sich zum Abendessen oder Kochen verabreden und neue Freunde finden. Und dann steht einem gemeinsamen Freitagabendessen nach israelischem Vorbild nichts im Wege.

Ciao!

ITALIEN

»Felicità« in Deutschland: Bella Italia! Im Süden unseres Landes wetteifern gleich mehrere Städte um die Ehre, die »nördlichste Stadt Italiens« zu sein. Besonders »italienisch« geben sich jedenfalls München, Passau, Regensburg und Dresden, aber auch Bamberg, Erfurt, Mittenwald und Wasserburg am Inn wollen mitmischen. Wo immer farbenfroher Barock zu sehen ist, da ist auch Italien nie weit. Spötter meinen, statt eines Weißwurstäquators eine »Milchschaumgrenze« zu erkennen, die quer durch Deutschland verläuft, aber auch in Hamburg und Berlin ist Cappuccino mit »korrekter« Crema längst angekommen. »Siamo tutti buoni amici« sang Adriano Celentano. Die Romanze zwischen Italien und Deutschland endet nie.

1 REGENSBURG

Die nördlichste Stadt Italiens

San Gimignano in der Oberpfalz! Wie in der Toskana bauten sich die Patrizier der freien Reichsstadt im Mittelalter über 60 schlanke, wehrhafte Geschlechtertürme bis zu zwölf Stockwerke hoch in den Himmel. Einige stehen noch heute, darunter der schöne Baumburger Turm am Watmarkt und der markante, neun Stockwerke hohe Goldene Turm in der Wahlenstraße. Nicht nur deshalb gilt eigentlich Regensburg und nicht München als »nördlichste Stadt Italiens«. Die verwinkelte Innenstadt, die bunten Häuser und die vielen Cafés, aber auch die bayerisch-italienische Lebensfreude der Einwohner ist schuld daran. Auch kulturell ist man Italien verpflichtet: Die Universität bietet einen Bachelor-Studiengang für Italienisch an, und sogar eine Dante Alighieri Gesellschaft gibt es, ein gemeinnütziger Verein zur Völkerverständigung zwischen Deutschland und Italien. Und immerhin wurde Regensburg als »Castra Regina« ja schon vor fast 2000 Jahren von den Römern gegründet. Die »porta praetoria« von Regensburg, das Nordtor des ehemaligen Legionslagers aus dem 2. Jahrhundert n. Chr., hat sich in großen Teilen bis heute in der weiß gekalkten Mauer des »Bischofshof« erhalten.

2 MITTENWALD

Geigen und andere Exklusivitäten

Cremona in Deutschland! Im kleinen Mittenwald hängt an den Fenstern und Balkonen der Geigenbauer – zum Trocknen und Bräunen – tatsächlich der Himmel voller Geigen. Zehn Meisterwerkstätten gibt es noch heute im Ort. Das Geigenbaumuseum zeigt wertvolle Musikinstrumente vom 12. bis ins 20. Jahrhundert. Doch Mittenwalds italienische Tradition ist noch wesentlich älter: 1487 hatten die Venezianer nämlich von den räuberischen Übergriffen des Erzherzogs Sigmund von Tirol die Nase voll und verlegten den Bozner Markt für fast 200 Jahre hierher. Unverhofft war Mittenwald zum Hauptumschlagsplatz der Handelsrepublik Venedig für Luxuswaren aus Italien und dem Orient avanciert, und noch heute feiert die Stadt eine Augustwoche lang das Jubiläum ihres Bozner Marktes in historischen Gewändern. Auch die illusionistische Lüftlmalerei der Häuser geht auf italienische Freskotechniken zurück. So fühlt sich also bereits ein entspannter Spaziergang durch die Gassen wie das Flanieren durch die Städte der Lombardei an.

3 DRESDEN

Una festa sui prati

… , also »ein Fest auf der Wiese«, sang Adriano Celentano vor nunmehr schon über 40 Jahren. Was braucht es mehr für ein echt italienisches Picknick auf der Wiese als einen Korb mit »panini e vino«, und ein paar toskanische Leckereien dazu. Auf jeden Fall ein Affettato misto, ein gemischter Aufschnitt mit Finocchiona (Fenchelsalami) und Prosciutto Crudo (roher Schinken), dazu dicke Scheiben vom weißen Landbrot, eingelegte Artischocken, Käsestücke und Focaccia. Vielleicht auch Tramezzini, gegrillte Paprika oder Pecorino und Bohnen. Das alles gibt es zum Mitnehmen in der »Salumeria Altmarktgalerie« (Am Altmarkt 25). Und dann raus mit den Leckerbissen auf die Wiesen am rechten Elbufer, um den berühmten Canaletto-Blick mit Hofkirche und Frauenkirche zu bewundern. Die inzwischen wieder komplette barocke Silhouette machte Dresden einst zum berühmten »Elbflorenz«. Genießen, lachen, flirten und den Studierenden der Dresdner Kunstakademie dabei zusehen, wie sie am Neustädter Ufer im barocken Garten des Japanischen Palais den Canaletto-Blick suchen und jetzt die gleiche und doch Stunde um Stunde wechselnde Stimmung auf Leinwand zu bannen suchen.

4 ERFURT

Flanieren auf Italienisch

Ein Ponte Vecchio wie in Florenz in Deutschland? Ja, den gibt es: in Thüringens Hauptstadt! Hier führt die 1325 errichtete steinerne Krämerbrücke in sechs Bögen über den Fluss Gera. Sie ist heute die einzige bebaute Brücke nördlich der Alpen, 120 Meter lang und 18 Meter breit. Ab 1472 drängten sich 60 mittelalterliche Fachwerkhäuser auf der Brücke zwischen Anger und Domplatz zusammen. Heute sind sie zu 32 größeren Häusern zusammengefasst. Schuld an allem waren Zölle, die man in Erfurt nicht zahlen wollte. Da die Enden der Krämerbrücke die Grenzen zu zwei Fürstentümern bildeten, musste jeder, der auf der anderen Seite etwas verkaufen wollte, Zoll bezahlen. Pfiffig verlegten die Kaufleute ihren Markt direkt auf die Brücke. Noch heute leben und arbeiten Menschen in den Brückenhäusern, Ateliers und Galerien haben sich hier niedergelassen, und auch die Geschäftstüchtigkeit haben die Krämer unserer Zeit nicht verlernt. Im Juni sorgen die Ritter, Gaukler und Artisten während des Krämerbrückenfests für Amüsement und lassen das ferne Florenz aufleben. Und auch an anderen Tagen ist das Lebensgefühl à la Italia zu spüren, wenn man entspannt über die Brücke schlendert und sich auf familiäre Gespräche mit den Anwesenden einlässt.

5

ODEONSPLATZ, MÜNCHEN

Der ewige Stenz und seine italienische Angelegenheit

Die Fans des »Monaco Franze« erinnern sich, wie sich das Münchner Original an einem sonnigen Vorfrühlingstag auf der Terrasse des »Tambosi« am Hofgarten niederließ, um sich von der anstrengenden Ermittlungsarbeit in der »italienischen Angelegenheit« zu erholen. In Münchens ältestem durchgehend betriebenen Kaffeehaus, natürlich von einem Italiener gegründet, trifft man sich schon seit 1775 zum Sehen und Gesehenwerden. Heute wird das Schaulaufen der holden Weiblichkeit, das uritalienische Ritual der »Passeggiata« rund um den Odeonsplatz, bei einem original venezianischen Aperol Spritz genossen. Man schaut auf die architektonisch von der Loggia dei Lanzi in Florenz abgekupferte Feldherrenhalle und die dottergelbe Theatinerkirche, übrigens die erste im Stil des italienischen Hochbarock erbaute Kirche in Altbayern, und frönt der italienisch-bayrischen Maxime: »A bisserl was geht immer.«.

6 ALPENSTRASSE, BAYERISCHE ALPEN
Italien auf der Straße

Stauszene am Brenner, kurz vor Christi Himmelfahrt: Der himmelblaue Oldtimer da vorn ist doch ein Bugatti T 37, und der olivgrüne dahinter ein Aston Martin Le Mans! Und jetzt drängelt sich noch ein knallroter Fiat 514 Coppa Alpi dazwischen! Wo wollen die denn alle hin? Natürlich zur Mille Miglia, der legendären Rallye, die seit 1927 knapp tausend Meilen ab Brescia unweit des Gardasees durch die schönsten Orte Norditaliens führt. Aber die Teilnahme kostet Fahrer schlanke 10000 Euro. Das geht viel günstiger, und vor nicht minder berauschender Szenerie, nämlich auf der Deutschen Alpenstraße Classic. Zwischen Lindau und Berchtesgaden dürfen alle Oldtimer (bis Baujahr 1986) mitfahren, nicht nur die Automobilklassiker, die schon auf der ersten Mille Miglia dabei waren. Im Juni 2022 ist es wieder so weit für die »Passeggiata« der Traumautos.
>> www.deutsche-alpenstrasse-classic.de

7 BAMBERG
Rom und Venedig in einem

So recht kann sich dieses Gesamtkunstwerk aus Mittelalter, Renaissance und Barock nicht entscheiden, ob es nun das »fränkische Rom« sein möchte, das tatsächlich ebenfalls auf sieben Hügeln errichtet wurde, oder doch »Klein-Venedig«. Im Gassengewirr mit seinen putzigen Fachwerkhäuschen direkt an der Regnitz verirrt sich der Spaziergänger jedenfalls beinahe ebenso schnell wie in der Lagunenstadt. Und ja, man kann auf der Regnitz mit original venezianischen Gondeln fahren, zumindest am Wochenende. Zustieg ist am Alten Kanal neben der Oberen Brücke. Noch mehr mediterranes Flair bietet der herrliche Rosengarten, mit traumhafter Aussicht auf die Altstadt und das Kloster Michelberg, der von den römischen Hügeln träumen lässt.
>> www.gondelfahrt.info

8 INSEL MAINAU, BODENSEE
Frühlingsduft liegt in der Luft

Deutschlands »Isola Bella« liegt nicht im Lago Maggiore, sondern im Bodensee, kann es aber mit ihrer verschwenderischen Blumenpracht durchaus mit ihrem italienischen Pendant aufnehmen. Auch der Frühling ist hier (fast) genau so mild und sonnig. In der Urlaubszeit herrscht bei schönem Wetter ein dementsprechender Besucherandrang. Den Massen entfliehen können Frühaufsteher, denn im Sommer öffnet die Mainau schon um sieben Uhr, und um diese Zeit duften die Rosen ohnehin am schönsten. Abends, kurz vor dem letzten Einlass um 20 Uhr, ist kaum noch ein Tagesausflügler da.
>> www.mainau.de

9 MOSEL

Die Auferstehung der römischen Antike

Wo ist Deutschland besonders römisch? Im 4. Jahrhundert fasste der römische Dichter Ausonius, der im Jahr 368 von Bingen nach Trier reiste, zum ersten Mal eine (heute deutsche) Landschaft in Poesie. In Neumagen-Dhron, Deutschlands ältestem Weinort, wurden das aus vielen Lateinbüchern bekannte Neumagener Schulrelief und das weltberühmte römische Weinschiff entdeckt, das als Grabmal für einen Weinhändler diente. Im benachbarten Piesport hat man wiederum zwei römische Weinpressen gefunden, Anlass genug, Anfang Oktober das Römische Kelterfest zu feiern. Wie sich wohl einst die Römer an der Mosel gefühlt haben, lässt die rekonstruierte Villa urbana in Longuich nordöstlich von Trier nachempfinden. Berühmt ist auch die Igeler Säule, mit 23 Metern das höchste erhaltene römische Pfeilergrabmal. Es zeigt Szenen aus dem Leben der Tuchmacher und der griechisch-römischen Mythologie. Goethe faszinierte das Denkmal so sehr, dass er sich 1792 eine Miniatur anfertigen ließ. Ja, und Trier war im 4. Jahrhundert zeitweilig sogar Kaiserresidenz. Auf die fast 2000 Jahre alte Porta Nigra wären sicher sogar die Römer neidisch. Einblicke in die Koch- und Essgewohnheiten der Römer bietet das Restaurant »Zum Domstein«, das Rezepte von Marcus Gavius Apicius nachkocht, dem bekannten römischen Feinschmecker der Antike.

10 BAR CENTRALE UND JUNGE RÖMER, MÜNCHEN

Der Geschmack Italiens

Heiß und samtschwarz zischt die perfekt abgestimmte Barmischung aus der Espressomaschine, mit perfekter Crema, versteht sich. Ein Tupfer Milchschaum macht ihn zum »macchiato«. Besonders stark heißt er »ristretto«, verlängert »lungo«, die doppelte Menge »doppio«, und mit Grappa oder Amaretto wird er zum »corretto«. »Echte« Italiener bestellen übrigens keinen Espresso, sondern lediglich »un caffè«, wobei das »è« wie ein kurzes »äh« klingen sollte. Die perfekte Atmosphäre dazu bietet die heißgeliebte Bar Centrale, einen Steinwurf vom Münchner Hofbräuhaus entfernt, oder auch »Junge Römer« in der Pestalozzistraße. Apropos Cappuccino: Diesen Espresso mit cremig aufgeschäumter Milch trinkt man in Italien nur zum Frühstück, am besten mit einem fluffigen Cornetto, also ein italienisches Croissant.

>> www.bar-centrale.com

11 PASSAU

Italienische Architektur
an der Passauer Riviera

An sonnigen Tagen wähnt man sich hier am Gardasee oder an der ligurischen Küste: Nicht umsonst heißt die Innpromenade mit ihrer schönen Kastanienallee Passauer Riviera. Auf der Flussterrasse treffen sich die Studenten der erst 1978 gegründeten Universität Passau zum Sonnen und Flirten. Vom gegenüberliegenden Innufer wirkt die niederbayerische Bischofsstadt – nach den großen Stadtbränden von 1662 und 1680 von italienischen Baumeistern wiedererrichtet – mit ihren in heiteren Pastellfarben leuchtenden barocken Bauten und ihrer Kirchturmsilhouette besonders italienisch. Auch beim Spaziergang durch die wunderbar geschlossene Altstadt, deren enge Gassen oft Schwibbögen zur Abstützung der Häuser überspannen, kommt italienisches Urlaubsgefühl auf. Besonders schön ist der Christophorusbogen in der Pfaffengasse. Verspielte Erker und Türmchen, eiserne Fensterläden, stuckverzierte Fassaden, geschnitzte Haustore und Fresken: An jeder Ecke warten reizvolle Motive all'italiana. Wer dann noch italienische Theatralik vom Feinsten erleben möchte, blickt von der Hinding-Anhöhe in Österreich auf Passau, denn von dort wirkt Passau wie ein vieltürmiges steinernes Schiff, das auf einen zukommt. In der Abenddämmerung, wenn die Lichter der Stadt zu funkeln beginnen, ist das Panorama geradezu magisch. Che bello!

Aalrait!
Whá gwann?

JAMAIKA

»Irie, man!«, das ist die jamaikanische Form von »Alright, Man!« Auf dem Kölner »Summerjam Festival« wird man diesen Spruch besonders oft hören. Bob Marley lives, man! Längst gibt es auch in Deutschland coole Reggae Artists. Rastalocken, bunte Mützen und coole Vibes: Jamaica in Deutschland, das ist Rhythmus und gute Laune. Das geht sogar ohne Hanf, denn die Jamaikaner stellen ja auch fantastischen Rum her. Extrem leicht zu lernen ist eine karibisch-jamaikanische Lieblingsbeschäftigung: »Liming by the Pool«, also einfach am Pool abhängen, mit vielen guten Freunden und einem Red Stripe Beer in der Hand, das online auch in Deutschland zu erwerben ist, jedenfalls »soon come«, also »bald« oder »irgendwann«.

① SUMMERJAM FESTIVAL, KÖLN

Jammin' Jamaica

Zweimal hintereinander ist es ausgefallen, doch Anfang Juli 2022 wird in Köln am Fühlinger See wieder karibisches Feeling pur herrschen. Denn dann soll das Summerjam Festival, das zum ersten Mal als Ein-Tages-Festival 1986 auf der Freilichtbühne Loreley bei Sankt Goarshausen veranstaltet wurde, endlich wieder stattfinden. Die Crème der Reggae- und Dancehall-Szene ist in Köln schon aufgetreten, von Buju Banton bis Jimmy Cliff. Für 2022 haben sich unter anderen Hollie Cook und Shaggy angekündigt, und wer weiß, vielleicht lässt sich auch Ziggy Marley, ein Sohn der 1981 verstorbenen Reggae-Legende Bob Marley, wieder blicken. »Feel the Beat« lautet das Motto, unter dem rund 30 000 Feiernde grooven werden. Die Polizei nennt das Festival humorlos »Cannabiskonsum«, und das, obwohl zwar nicht der Hanf, aber doch Reggae seit 2018 immaterielles Weltkulturerbe ist. Auf jeden Fall legal sind die servierten Rumpunches.
>> www.summerjam.de

② RUM TRADER, BERLIN

Have a RUMderful evening!

Jamaikanischer Rum zählt zu den besten der Welt, auch wenn Kuba, die DomRep, Barbados und die Französischen Antillen das energisch bestreiten würden. Auf Jamaika wurde der Prozess der Rumherstellung verfeinert, die Standards für die Herstellung sind hier besonders streng. Der berühmte »Jamaican Funk« duftet nach tropischen Früchten, Holz, Gummi, Rauch, Gewürzen und süßem Karamell und Melasse, also perfekt für Blending, Punches und Cocktails. Er reift in Eichenfässern, und künstliche Aromen sind verpönt. Definitiv nichts falsch machen kann man mit einem Appleton Estate 12 Year Old Rare Blend, den man am besten pur oder mit etwas Eis genießt. Aber wenn Sie den Barkeeper im Rum Trader mal richtig beeindrucken wollen, bestellen Sie Wray & Nephew White Overproof Rum. Diese Fassstärke kommt auf stolze 63 Prozent und wird liebevoll »Uncle Wray« genannt. So klein die traditionsreiche Bar in Berlin-Charlottenburg auch ist, ihre Cocktailauswahl ist riesig. 30 Gäste finden hier Platz, und man muss erst mal klingeln, um Einlass zu finden, und sollte dann möglichst keinen Gin bestellen.
>> Fasanenstr. 40, 10719 Berlin

Rastafari und Dreadlocks

»In Jamaica tragen alle Dreadlocks« – dieses Klischee hält sich hartnäckig und tatsächlich findet man in dem Land viele Personen mit den zu dicken Zöpfen verfilzten Haaren. Wer sich näher damit beschäftigt, lernt allerdings schnell, dass Dreadlocks mit der Rastafari-Bewegung eng verbunden sind. Dieser gehören weniger als 3 Prozent der Bevölkerung Jamaicas an. Manche bezeichnen es als Religion, andere lehnen diesen Begriff strikt ab. Fakt ist jedoch, dass die Bibel und der christliche Glaube eine zentrale Rolle spielen. Die Bewegung ist antikolonial und antirassistisch ausgerichtet und von der Hoffnung auf eine (spirituelle) Rückkehr nach Afrika, insbesondere Äthiopien, getragen. Auch in Deutschland gibt es Rastafaris, sie zu finden ist allerdings nicht so einfach, denn Institutionen wie Kirchen besitzen die Rastafaris nicht. Chancen, einen Rastafari in Deutschland zu treffen, hat man daher vor allem bei Reggae-Veranstaltungen.

こんにちは

Konnichiwa

JAPAN

Japan in Deutschland? In Düsseldorf gibt es sogar ein »Little Tokyo«, mit vorzüglichen Ramen-Küchen, Sushi-Bars, Manga-Buchläden und natürlich den unvermeidlichen Karaoke-Bars. Eine authentische Teezeremonie erlebt man dagegen im Haus der Japanischen Kultur, japanische Gartenkunst vom Feinsten im Düsseldorfer Nordpark und im Japanischen Garten von Kaiserslautern (Bild). Deutschlands schönste städtische Kirschblütenallee ist in Bonn zu finden, doch auch in Würzburg, Magdeburg, Schwetzingen, Berlin und Hamburg kommt echtes Hanami-Gefühl auf. Authentische japanische Keramik aus einem traditionellen Anagama-Ofen gibt es in Cismar an der Ostseeküste von Schleswig-Holstein zu bestaunen und zu kaufen.

❶ LITTLE TOKYO, DÜSSELDORF

Authentisches Japanfeeling

Zwischen Düsseldorfer Hauptbahnhof und Stadtmitte entlang der Immermannstraße und der Klosterstraße schlürfen Gäste im Ramen-Imbiss »Soba-An« warme Soba-Nudeln um die Wette oder lassen sich im »Benkay« Teppanyaki schmecken. Sushi-Bars müssen sich einem harten Wettbewerb stellen. Es gibt japanische Bäckereien, Metzgereien, die für das Gericht Shabu Shabu vorbereitetes Fleisch anbieten, aber auch die japanische Buchhandlung »Takagi«, die weit mehr als Manga-Comics führt. Letztere kann man auch in den japanischen Friseursalons lesen. Die »Lime Light Karaoke Box« im Keller des japanischen Hotels Nikko bietet Karaoke in authentischer Atmosphäre, und bei Sake und japanischen Bier kommt das berühmte Kirschbaumlied selbst unmusikalischen Gäste, die des Japanischen nicht mächtig sind, geschmeidig aus der Kehle. Der Grund für dieses Little Tokyo? In Düsseldorf leben über 8000 gebürtige Japaner und bilden damit die größte japanische Gemeinde Deutschlands.

❷ NORDPARK, DÜSSELDORF

Ruhe auf japanische Art

Ein zeitloses Idyll ist der Japanische Garten am Rhein. Schon in den 1970er-Jahren wurde er vom Garten- und Landschaftsarchitekten Iwakii Ishiguro und seinem Sohn Shojiro in der besonders beschaulichen nordwestlichsten Ecke des Nordparks auf 5000 Quadratmeter nach dem Vorbild des Teichgartens (Chitei) aus dem 17. Jahrhundert angelegt. Wolkenförmig beschnittene Schwarzkiefern und Fächerahornbäume sowie vier Steinlaternen sorgen für das unverwechselbare Flair. Am besten besucht man erst Little Tokyo und schlendert dann durch den Park, um alle Eindrücke in Ruhe verarbeiten zu können, aber ohne das Gefühl, in Japan zu sein, verlassen zu müssen.

3 JAPANISCHER GARTEN, KAISERSLAUTERN
Mehr Japan geht (fast) nicht

Anlässlich der Landesgartenschau Kaiserslautern 2000 haben der Verein Japanischer Garten Kaiserslautern e. V. und viele engagierte Bürger in nur wenigen Jahren auf einem verwilderten Parkareal ein japanisches Landschaftskunstwerk geschaffen, das auf schmalen gewundenen Trittwegen erkundet wird. Mit etwa 13 500 Quadratmetern Fläche ist der Japanische Garten inzwischen der größte Europas. Alles folgt bildkompositorischen Prinzipien, in denen sich der Einfluss von Shintoismus, Taoismus und Buddhismus widerspiegelt. Im unteren Teichgarten plätschern vier Wasserfälle, im besonders beschaulichen Oberen Teich schwimmen Kois. Das über 100 Jahre alte original japanische Tee- und Gästehaus am Kopfende des Teichs, minutiös in Kaiserslautern wieder aufgebaut, diente ursprünglich als Gästehaus für ausländische Besucher und Diplomaten in einem Park in Tokio. Hinzugekommen sind auch ein Stein- und Moosgarten (kare-san-sui) nach dem Vorbild des Zen-Gartens des Ryoanji-Tempels in Kyoto sowie ein Berggarten im Tsukiyama-Stil, dessen Steinsetzung die Hochgebirgsregion Japans abbilden soll. Den Haupteingang markiert ein traditionell zinnoberrot lackiertes Torii: das typische symbolische Eingangstor eines Shintō-Schreins. Geplant ist ein Japanisches Kulturzentrum im Stile eines »dojo«, in dem man japanische Kampfkünste trainieren und kulturelle Veranstaltungen genießen kann. Am schönsten präsentiert sich der Garten zur Zeit der Kirschblüte und im Herbst.

>> www.japanischergarten.de

4 HEERSTRASSE, BONN
Zarte Symbole der Flüchtigkeit

Unzählige Haikus, traditionelle japanische Gedichte, haben Japans Dichter über die Kirschblüte (»Sakura«) zu Papier gebracht. Sie gilt als Symbol für die fragile Flüchtigkeit der menschlichen Existenz. Den Blüten der Zierkirsche sind nur etwa zehn Tage der Glorie beschert. »Hanami« – das bedeutet »Blüten betrachten«. In Deutschland sind das allerdings oft – nicht minder schöne – Fruchtkirschbäume wie im nordhessischen Witzenhausen, im Alten Land bei Hamburg und in der Fränkischen Schweiz. Echte japanische Kirschbäume (die keine Früchte tragen) blühen dagegen im Hiroshima-Hain von Hannover: Hier kann man nacheinander die Sorten Somei Yoshino (weiß-rosa) und Yae Zakura (pink) bewundern. Zartrosa leuchtet es im April auch im Würzburger Hofgarten, auf dem Magdeburger Holzweg, im Schlossgarten Schwetzingen, an der Berliner Bösebrücke und Anfang Mai im Berchtesgadener Kurgarten. Die schönste städtische Kirschblütenallee Deutschlands ist jedoch die Heerstraße in der Bonner Altstadt, die sich im April in einen rosa Tunnel verwandelt. Wann soll man kommen? Wenn die ersten Knospen den Frühling ankündigen, wenn die Bäume rosa Pompons tragen oder doch erst, wenn der Wind die vergängliche Pracht sanft von den Zweigen weht und es Kirschblüten schneit?

>> www.kirschbluete-bonn.de

154

⑤ EKŌ-HAUS DER JAPANISCHEN KULTUR, DÜSSELDORF-NIEDERKASSEL

Tempel, Tee, Tradition

Im Stadtteil Niederkassel wurde 1993 das EKŌ-Haus eröffnet, mit buddhistischem Tempel, dessen Haupthalle dem Jōdo-shin-Tempel in Utsunomiya (nördlich von Tokio) nachgebaut wurde, mit japanischen Gärten und einem Haus in traditionell japanischem Baustil. Hier kann man Tuschemalerei oder Kalligrafie erlernen oder in die Kunst des Ikebana eingeführt werden. Ein besonderes Erlebnis ist die authentische japanische Teezeremonie, ein kompliziertes Ritual, dessen Grundlagen im 16. Jahrhundert von Sen no Rikyū festgelegt wurden und im Zen-Buddhismus wurzeln. Jeder Schritt und jede Geste sind genau festgelegt, die wenigen Worte, die fallen, sind vorgeschrieben. Mit dem Eintritt ins Teezimmer entdeckt man die Schönheit des Einfachen im Augenblick und verlässt die Zeremonie geläutert. Der Teemeister bereitet mit dem Quirl aus Bambus den »matcha« (pulverisierter grüner Tee) zu. Der Gast nimmt die Schale entgegen, würdigt die schöne Keramik, trinkt einen Schluck, lobt den Geschmack, wischt den Schalenrand mit einer kleinen Papierserviette ab und reicht dann die Schale an den Nächsten weiter.
>> www.eko-haus.de

6 JAPANISCHE KERAMIKWERKSTATT, CISMAR AN DER OSTSEE

Kunst aus dem Ofen

Im kleinen Cismar an der Ostseeküste von Schleswig-Holstein gibt es Einzigartiges: Im dortigen Pastorat hat Jan Kollwitz, ein Urenkel der berühmten Grafikerin und Bildhauerin Käthe Kollwitz, 1988 von einem japanischen Spezialisten einen traditionellen Anagama-Ofen bauen lassen, in dem bei bis zu 1300 Grad Celsius über Tage hinweg herausragende japanische Teekeramik gebrannt wird. Außerhalb Japans gibt es davon nur ganz wenige, denn der Bau ist eine hochkomplizierte Angelegenheit. In seinem köstlichen Roman »Herr Yamashiro bevorzugt Kartoffeln« hat Christoph Peters, ein Freund von Kollwitz, diese wunderbare Geschichte aufgegriffen.

Die Faszination des Brennvorgangs kann sich dabei beinahe mit der erlesenen Qualität der Keramiken messen. Rauch, Flammen, Flugasche und Glutkohle sorgen für die typischen grauen, roten und tiefblauen Färbungen. Jede Vase, jede Teeschale ist ein Unikat und wenn nicht so, wie dann soll man sich japanisches Lebensgefühl nach Hause holen?

>> Bäderstr. 23, Cismar; www.jankollwitz.de

How's it goin', eh? / ça vas?

KANADA

Wenn eine Landschaft schon »Bayerisch Kanada« heißt, dann ist klar: Mancherorts sieht es in Deutschland wirklich aus wie im großen Ahornstaat, und das nicht nur im Kanuparadies am Schwarzen Regen in der Bayerwaldregion. Immer wieder mit kanadischen Bergseen verglichen wird der Eibsee am Fuß des Zugspitzmassivs, die Biber in den Elbauen würden sich auch in Kanada wohlfühlen, und die Ahornböden im Karwendel erinnern an die im Herbst feuerrot erglühenden Wälder im Osten Kanadas. Nur der Ahornsirup ist in Kanada süßer. Dafür spielt die deutsche Nationalmannschaft manchmal fast so gutes Eishockey wie Team Canada. Kein Wunder, gar nicht wenige Deutsche schlagen den Puck ja bei kanadischen Mannschaften.

AHORNBÖDEN
Canadian Summer

Wie flammende Teppiche wirken im Oktober die spektakulären Wälder im Osten Kanadas. Schuld an diesem Farbspiel sind besonders die feuerroten Zuckerahornbäume, deren Blatt auch das Wappen Kanadas ziert. Espen, Lärchen und Eichen sorgen für die goldgelben Schattierungen. Müssen wir also in den Algonquin Provincial Park in Ontario fahren oder in die Laurentides Mountains in Quebec? Von wegen: Der Große Ahornboden im nördlichen Karwendel mit seinen bis zu 500 Jahre alten Berg-Ahornbeständen liegt viel günstiger. Eigentlich gehört er schon zu Tirol, ist aber nur von Mai bis Oktober von Bayern aus mit dem eigenen Pkw oder dem »Bergsteigerbus Eng« über eine Mautstraße zu erreichen. Sehr kanadisch ist auch die Tatsache, dass die alten Bergahorne über 200 Moos- und Flechtenarten einen Lebensraum bieten. Kleiner Tipp: Wer Mitte bis Ende Oktober der Blechlawine von Tagesausflüglern aus dem Weg gehen will, entscheidet sich für eine Wanderung zum idyllischen und kaum weniger spektakulären Kleinen Ahornboden, der in einem abgeschiedenen Gebirgstal liegt.

EIBSEE
Kanada in den Alpen

Von majestätischen Schneebergen umrahmt, das Wasser kobaltblau, smaragdgrün und stellenweise karibisch-türkis, ein Inselchen mit schlanken Tannen, im Winter von Eis und Schnee märchenhaft umrahmt: Keine Frage, das kann nur der Maligne Lake im kanadischen Jasper National Park sein. Oder doch Lake Louise im kanadischen Banff National Park? Zweimal falsch geraten: Man muss nicht nach Alberta reisen, sondern nur in den Zug nach Garmisch-Partenkirchen steigen. Das funkelnde Juwel ist nämlich der Eibsee, der dem Werdenfelser Land mehr als nur einen Hauch von Kanada verleiht. Mit der Zugspitzbahn schwebt man von der Eibseestation auf den Gipfel von Deutschlands höchstem Berg und kann sich den Eibsee von oben ansehen. Für die berauschende Farbpalette sind die Inselchen und Untiefen des Sees verantwortlich.

Donut worry

Schon gewusst? In Kanada gibt es weltweit die meisten Donut-Läden im Verhältnis zur Einwohnerzahl – und auch der Pro-Kopf-Konsum von Donuts ist nirgendwo höher. Notorische Kalorienzähler werden vielleicht die Nase rümpfen beim Anblick der bunten oder mit Schokolade überzogenen ringförmigen Hefe- oder Rührteigkrapfen. Allen anderen müssen auch in Deutschland nicht auf den Genuss von Donuts verzichten, denn schon längst haben sie auch hier Einzug in die Innenstädte gehalten.

③ SCHWARZER REGEN

Durch ein bayerisches Kanada paddeln

»Bayerisch Kanada«, wo liegt denn das? In der Bayerwald-region, genauer gesagt in der wildromantischen Landschaft des Viechtacher Landes am Fluss Schwarzer Regen. Eine Kanufahrt auf dem Regenfluss bietet viel unberührte Natur: schilfbewachsene Ufer, einsame Lichtungen, tiefgrüne Wälder mit Fichten, Ahorn und Eichen, mächtige Felsen im Fluss und malerische Dörfer. Im Angebot sind ein- und mehrtägige Touren auf dem Schwarzen Regen. Für Einsteiger perfekt ist die leichte Wildwassertour Gumpenried-Schnitzmühle-Viechtach im Zweier- oder Dreierkanadier oder Einerkajak. Es gibt aber auch »flottere« Angebote. Übrigens fährt die Waldbahn, die am Eichkatzlbahnhof von Gumpenried hält, stellenweise direkt am Ufer des Schwarzen Regen entlang, eine der schönsten Bahntrassen Deutschlands, und natürlich gibt es auch schöne kinderfreundliche Wanderwege, zum Beispiel von Gumpenried nach Schnitzmühle, ohne anstrengende Steigungen.

>> www.bayerisch-kanada.de

Eishockey und fliegende Mützen

Zwar wurde bereits im 17. Jahrhundert in Europa mit Schlittschuhen ausgestattet Ballspiele auf dem Eis veranstaltet, doch das Eishockey, wie man es heute kennt, entstand in Kanada. Kein Wunder also, dass es ein fester Bestandteil der Tradition und die beliebteste Mannschaftssportart in seinem »Mutterland« ist. In Deutschland tritt Eishockey in der Beliebtheitsskala zwar hinter dem Fußball zurück, aber auf lebhafte und professionelle Spiele muss man auch hier nicht verzichten. Besonders kanadisch fühlt es sich dann an, wenn die Mannschaften um Weihnachten zum »Tuque and Teddy Bear Toss« aufrufen. Die Tradition entstand ebenfalls in Kanada, ist mittlerweile jedoch auch hierzulande zu beobachten. Nach dem Schlusspfiff oder in der Spielpause dürfen die Zuschauer dabei Teddybären – oder eben die typisch kanadischen Baumwollmützen – aufs Eis werfen. Im Anschluss übergeben die Spieler diese an Krankenhäuser oder Hilfsorganisationen.

4 ELBAUEN BEI TORGAU

Nächtliches Rendezvous mit dem Nationaltier

Der Kanadische Biber ist Kanadas Nationaltier, unterscheidet sich aber nicht groß vom Europäischen Biber. In freier Wildbahn bekommt man den dämmerungs- und nachtaktiven Nager nur selten zu Gesicht. Groß ist die Chance in der NABU-Naturschutzstation Biberhof Torgau. Exkursionen führen an Orte, an denen der Biber seine Staudämme und Burgen errichtet.
>> www.mittelelbe.com

Das kanadische Lebenselixir

Was könnte kanadischer sein als Ahornsirup? Er wird aus dem Stamm des Zuckerahorns gewonnen, und es gibt ihn in vier Sorten, die sich in Farbe und Geschmack unterscheiden. Zu Beginn der Zuckersaison ist der Sirup in der Regel klar und hat einen leicht süßen Geschmack. Im Laufe der Saison wird er dunkler und karamellisiert. Der Aromen-Experte und »Ahorn-Botschafter« Heiko Antoniewicz schwärmt von der geschmacklichen Tiefe der Ahornprodukte und kennt über hundert Rezepte, mit Hummer, Makrele, Rindertartar oder Hirschrücken. Abrunden von Saucen, Marinieren, Glasieren und Lackieren, alles ist mit Ahornsirup möglich! Man bekommt ihn in jedem gut sortierten Delikatessenladen.

4

¿Asere qué bola?

KUBA

Alles Salsa? Kubanisches Flair in Deutschland gibt es schon seit der Zeit, als die ersten Kubaner in die DDR zum Studieren und Arbeiten reisten, aber Wim Wenders Musikfilm über den Buenavista Social Club hat die deutsche Leidenschaft für Kuba erst richtig entfacht. Auch Mojito und Daiquiri haben von Kuba aus Deutschland erobert. Den besten kubanischen Rum genießt man natürlich pur, wie einen kostbaren Cognac, und Kenner wählen dazu eine edle Zigarre mit Tabak aus der kubanischen Region Vuelta Abajo. Anlaufadresse für alle Revolutionsnostalgiker, die den Che im Herzen tragen, ist »Cuba Sí«, die auf immer und ewig mit Kuba solidarische Arbeitsgemeinschaft in der Partei »Die Linke«. ¡Hasta la victoria siempre!

 HAVANA CLUB, MÜNCHEN

Kubanisches Lebensgefühl vom Feinsten

Wahrscheinlich gibt es in ganz Deutschland keinen Ort, der mehr kubanisches Flair vermittelt als diese 1985 eröffnete Bar in der Münchner Altstadt. Hier sieht es wirklich so aus wie in einer der berühmten Bars in Havanna: Dunkles Holz, viel Patina, Papa Hemingway als Foto an der Wand, kubanische Fahne, und alles wirkt herrlich angestoßen und leicht ramponiert. Dazu kommt eine fantastische Auswahl an Spirituosen, darunter auch kubanische Raritäten, die man selbst auf der Insel nicht mehr findet. Mojitos und Daiquiris schmecken mindestens genauso gut wie in Havannas Bodeguita del Medio. Auch die musikalische Untermalung stimmt.

>> Herrnstr. 30, München, www.havanaclub-muenchen.de

 ILE ADEBISI EGBE ORIIFA, BERLIN

Heiliger Kulturmix

Geheimnisvolle Symbole des Abakúa-Kults zieren Hausmauern und in den Häusern werden den afrikanischen Göttern, den Orishas, kleine Altäre mit einem bunten Sammelsurium an Andachtsgegenständen gewidmet. Die Liebesgöttin Ochún, die Meeresgöttin Yemaya, der mächtige Changó und der listige Elegguá, denen alle christlichen Heiligen beigeordnet werden, spielen im Leben der Kubaner eine große Rolle. Wer auch in Deutschland in diese Welt eintauchen möchte, kann den Kulturverein Ile Adebisi Egbe Oriifa (Kulturverein Kubanische Yoruba in Deutschland e.V.) in Berlin kontaktieren, der sich der afrokubanischen Kultur und ihren Wurzeln in Afrika, insbesondere der Kultur der Yoruba, widmet. Er steht allen spirituell und kulturell interessierten Menschen offen. Organisiert werden neben Kulturveranstaltungen auch musikalische Darbietungen und Trommelfeste, traditionelle Tänze und Gesänge.

>> Berliner Allee 118, Berlin, www.cubayoruba.eu

 PENSION CUBANA, ROTHENBURG

Für eine Nacht in Kuba sein

Kuba an der Neiße, zumindest ein Hauch davon! Die charmante Pensión Cubana haben Yudilys und Tino Kittner nämlich »muy chévere« (sehr cool) eingerichtet, mit acht Themenzimmern, die jeweils an eine bestimmte kubanische Region erinnern. Da Yudilys aus der Tabakregion Pinar del Río stammt, ist »ihr« Zimmer vielleicht besonders reizvoll. Möbel, Bilder und Deko wurden allesamt aus Kuba importiert. Sehr beliebt sind die kubanischen Abende mit Musik und Küche aus Kuba. Die Gäste reisen dafür bis aus Berlin an. Bezahlt wird aber schon in Euros, nicht in Pesos.

>> Görlitzer Str. 15, Rothenburg, www.neisse-tours.de/pension-cubana

④ TANZSCHULE TIMBALAYE, FREIBURG

Mehr als bailable

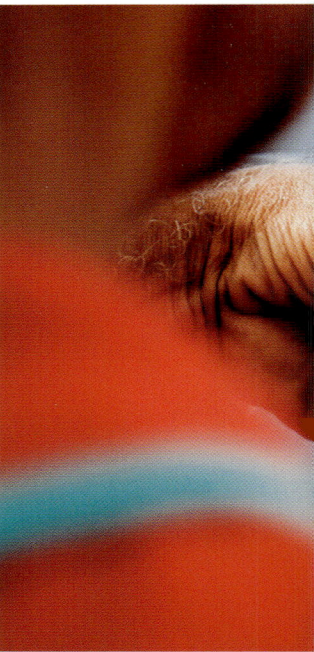

Alles Salsa? Eigentlich ist der Rhythmen-Mix der letzten Jahrzehnte kaum noch zu klassifizieren. Was die erfolgreichsten Gruppen wie La Charanga Habanera, NG La Banda, Adalberto Álvarez, Isaac Delgado und Paulito y su Élite seit den 1990er-Jahren spielen, darf man daher mit Fug und Recht »Salsa« nennen, eine »Soße«, wie sie pikanter nicht sein kann. Die Kubaner reden aber lieber von »Timba«, aus ideologischen Gründen. Egal, Hauptsache bailable, also tanzbar! Und genau das lernt man in der Tanzschule Timbalaye mit Annette Gilsdorf in Freiburg: Salsa, Casino, Son, Mambo, Chachacha und afrokubanische Tänze. Natürlich werden auch Singles und »Hereinschnupperer« schnell versorgt. Es ist viel weniger kompliziert, als man denkt: Statt penibel auf Tanzschritte zu achten, geht es vor allem um einen harmonischen Bewegungsablauf. Schnell kann man so auch mit Fremden tanzen. Im Vordergrund steht ansteckende Lebensfreude, und so etwas wie »Blamieren« gibt es nicht. Gerade für authentische afrokubanische Tänze sind die kubanischen Toplehrerinnen und -lehrer von Annette die perfekte Wahl. Wer nicht selbst tanzen möchte, kann die Dance Company Timbalaye für Events und Feste buchen. Die Kurse finden in der TanzHalle-Freiburg (Markgrafenstr. 38) und in der Tanzschule Next Step (Erbprinzenstraße 1) im Zentrum von Freiburg statt.

>> www.salsa-freiburg.de

⑤ ZIGARRENBARS, BERLIN

Kuba im Mund halten

Zigarrenbars sind ja oft eine reichlich elitäre Angelegenheit. Nicht so bei »Herzog am Hafen«: Diese Wohlfühloase für Aficionados – ein Ausdruck aus dem Spanischen, der Liebhaber bedeutet – ist in einem denkmalgeschützten Hafengebäude im Berliner Osthafen direkt an der Spree untergebracht. Geraucht wird in einem luftigen Salon mit hohen Bogenfenstern, alten Teppichen, bequemen Sofas und Sesseln. Wer es diskreter mag, zieht sich in eines der Separées zurück. Ein Hauch kubanisches Lebensgefühl kommt auf der großen Sommerterrasse auf: Der Blick auf die Spree kann zwar die Karibik nicht ganz ersetzen, aber die Zigarren sind so erlesen wie in Havanna. Allerdings, dem deutschen Zoll geschuldet, um einiges teurer.

>> www.zigarren-herzog.com

Nachbarschaft auf Kubanisch

Die Gastfreundschaft ist eine vielgerühmte Eigenschaft der Kubaner. Und nicht nur Fremde können sich der guten Gemeinschaft sicher sein, sondern auch unter Nachbarn herrscht in Kuba ein enges Gefühl der Verbundenheit. Ob in der Stadt oder auf dem Land: Man hilft sich, verleiht sein Hab und Gut, ist bestens vernetzt. Zusammenhalt in der Nachbarschaft nach kubanischen Maßstäben findet man in Deutschland möglicherweise nicht überall sofort. Aber dank Netzwerk-Plattformen wie www.nebenan.de ist es ein Leichtes, auch in deutschen Nachbarschaften gute Communities aufzubauen. Über die Plattform ist man mit seinen Nachbarn vernetzt, kann sich gegenseitig mit Rat und Tat unterstützen oder Straßenflohmärkte organisieren, einen Nachbarn zum Blumengießen während des Urlaubs finden oder sich zum Kleidertausch verabreden.

6 | BAIZ, BERLIN

Alles andere als ein Kinderspiel

Man nehme ein paar flache, rechteckige Steine mit Augenzahlen darauf und mindestens zwei Spieler. Die Regeln sind schnell erklärt und somit eigentlich eher ein Spiel für Kinder. Wer so Domino kennt, war noch nicht in Kuba! Hier gelten komplizierte Regeln, es geht um Taktik und das Deuten von Körpersprache, lebhaft und emotional widmen sich alle dem Spiel, das meist von zwei Zweierteams ausgefochten wird. Keine Sorge – man muss nicht nach Kuba reisen, um diesen Teil der nationalen Kultur, die dort überall in Parks, auf der Straße oder Zuhause zelebriert wird, zu erleben. Auch in Deutschland kann man nach kubanischen Regeln spielen, zum Beispiel immer dienstags in der Berliner Traditionskneipe »Baiz« in der Schönhauser Allee 26a.

7 | BUNDESWEIT

Kubas geliebte Oldtimer

Neben dem Rum und der Musik ist Kuba für seine zahlreichen Oldtimer bekannt. Dabei ist die Überpräsenz farbenfroher wie alter Buicks, Chevrolets und Co. ebenso auf die von Mangelwirtschaft geprägte Historie Kubas zurückzuführen wie auf den Hang der Kubaner, alles wieder zu verwerten, zu reparieren und mit kreativen Lösungen in Schuss zu halten. Diese Seite Kubas trifft man in Deutschland vor allem in Oldtimer-Museen wie jene in Marxzell (www.fahrzeugmuseum-marxzell.de), Fichtelberg (www.amf-museum.de) oder Wolfegg (www.automuseum-wolfegg.de). Und auch live auf der Straße! Zum Beispiel bei Sternfahrten und Oldtimer-Treffen der Klassiker-Tage Schleswig-Holstein (www.ktsh.de/klassiker-tage), der Oldtimer-Rallye Hamburg (www.oldtimer-rallye-hamburg.de) oder der Oldtimer Classic-Rallye (www.oldtimer-classic-rallye.de). Bei so vielen »Straßen-Dinosauriern« auf einem Fleck kommt garantiert Kuba-Flair auf.

السلام

Säläm

MAROKKO

»Marokko gleicht einer Zimmerflucht, deren Türen sich öffnen, wenn man hindurchgeht. Jede Tür eröffnet einen anderen Ausblick: auf einen Raum, ein Gesicht, eine Stimme, ein Geheimnis.« So sieht der Schriftsteller Tahar ben Jelloun sein Heimatland. Manche dieser Türen öffnen sich auch in Deutschland, ganz besonders für den glücklichen Gast einer großen marokkanischen Familienfeier. Es duftet nach Gewürzen und Jasmin, zärtlich streicht die Hand über weiche Teppiche und edlen Brokat, zwei kohleumrandete Augen streifen sekundenlang den Blick, süß wie die Liebe schmeckt der erfrischende Minztee. »Al-Maghrib al-Aksa«, auch in Deutschland ein Fest für alle Sinne!

MISS ORIENT, BONN

Für einen Abend Königin sein

Ganz unverhofft ist es passiert: Sie sind bei einer großen marokkanischen Familienfeier, vielleicht gar einer Hochzeit eingeladen. Was ziehen Sie nun an? Am besten einen farbenfrohen, bestickten Samt-kaftan. Der halbtransparente Stoff kann aus Seide, Mesh oder Organza sein, elegant bestickt, mit Silber- oder Goldfäden durchzogen oder mit Perlen verziert. Größeren Respekt können Sie Ihren Gastgebern als Dame nicht erweisen. In große Unkosten müssen Sie sich deshalb aber nicht stürzen. »Miss Orient« verleiht Takschitas mit so poetischen Namen wie Leyla (Nacht), Mina (Wunsch), Ali-ya (Flamme) oder Sana (Morgenröte). Sie sind gar die Braut? Sparen Sie sich den sündteuren Traum in Weiß und entscheiden Sie sich für eine goldbestickte Takschita, das älteste Kleid Marokkos. Wol-len Sie Malika (Königin), Amira (Prinzessin), Houria (Freiheit) oder Kenza (Schatz) sein?
>> www.missorient.de

2 MARRAKESH SHOP, HÜRTH

Die Kunst des Ausgießens

Niemand gießt den traditionellen Minztee kunstvoller ein als die Marokkaner! Aus 40 Zentimeter Höhe sprudelt er in die Teegläser. Danach gießt man den Tee wieder zurück in die Kanne und wie-derholt das Ganze mehrmals. So verteilt sich der Zucker perfekt. Die zwei Zentimeter hohe Schaum-krone aus Tee und Zucker diente wohl früher dazu, den Tee vor umherfliegendem Sand zu schützen. Das erste Glas soll heiß, kräftig und »bitter wie der Tod« sein, das zweite »süß wie das Leben« und das dritte Glas »geheimnisvoll wie die Liebe«. Wer in Deutschland Marokkaner kennenlernt, ob privat oder im Geschäft, sollte den angebotenen Tee nie ablehnen, aber auch nie mehr als drei Gläser trin-ken. Ob der selbst zubereitete »thé à la menthe« so zuckersüß sein muss, wie ihn die Marokkaner lie-ben, bleibt dahingestellt. Wichtig ist, dass man zum grünen Tee keine Pfefferminze verwendet, son-dern die feineren und weicheren Blätter der »Nana« genannten marokkanischen Minze, die man in jedem orientalischen Lebensmittelmarkt findet und im Topf oder Beet auch mühelos selbst ziehen kann. Man kann mit ihr auch Mineralwasser verfeinern: ein perfekter Durstlöscher für den Som-mer! Eine riesige Auswahl an oft reich verzierten marokkanischen Teegläsern führt der Marrakesh Shop in Hürth bei Köln.
>> www.marrakesch-shop.de

Tajine töpfern

Marokko verbindet man zu Recht mit einer ausgezeichneten Küche. Besonders bekannt ist Tajine – wobei damit sowohl das Gericht, als auch der Schmortopf bezeichnet wird, in dem es gekocht wird. Letzteren kann man auch in Deutschland erstehen. Viel be-achtlicher ist es jedoch, ihn selbst zu töpfern. Dafür werden immer wieder Kurse ange-boten, man sollte sich in seiner Nähe einfach einmal umsehen. Und dann braucht man nur noch Couscous, Gemüse, Gewürze und kann sich den Geschmack Marokkos im eigenen Tajine nach Hause holen.

¿Que onda, wey?

MEXIKO

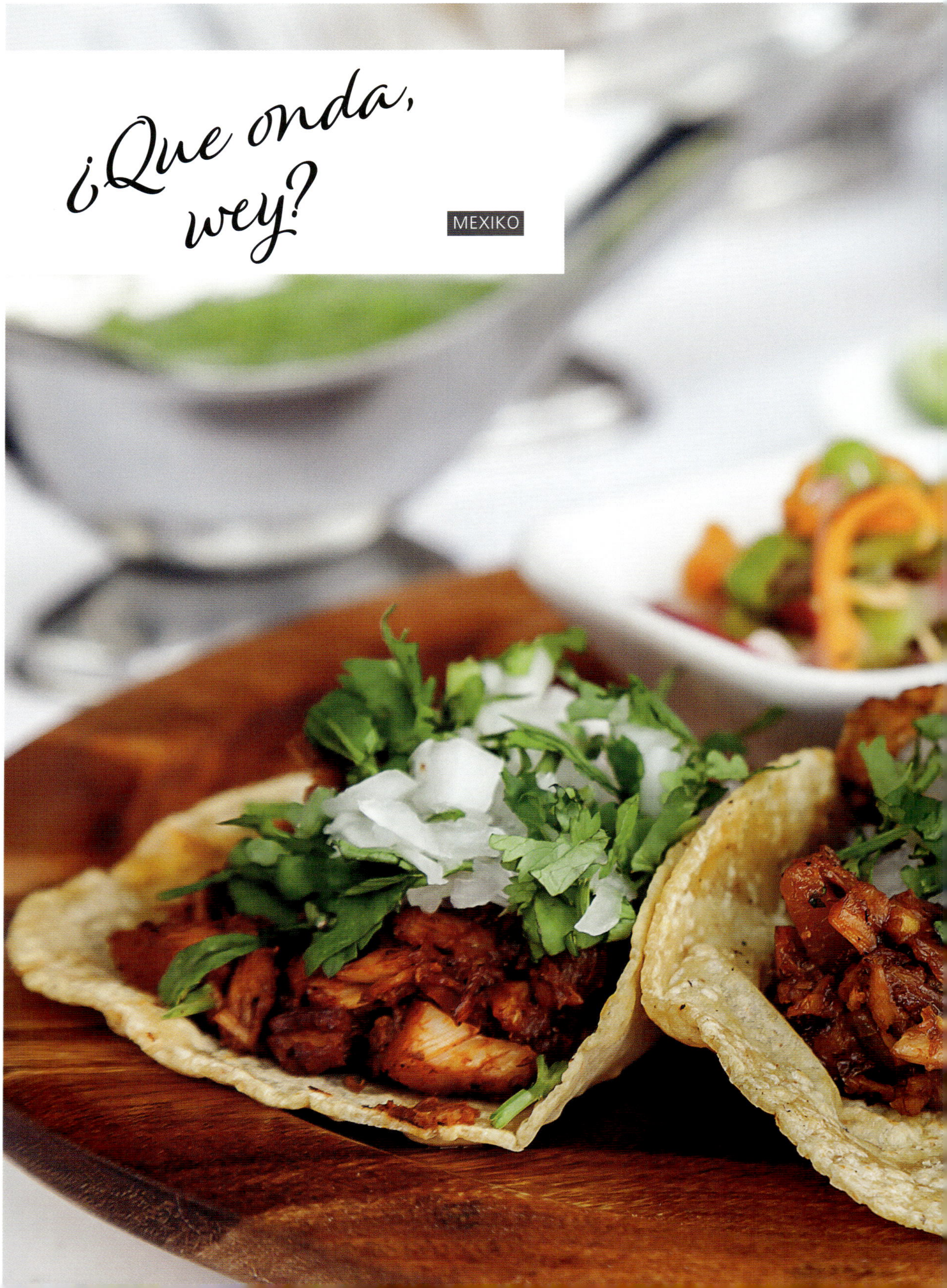

Um echte Kakteenlandschaften zu sehen, muss man nicht extra nach Mexiko zu fahren, die gibt es auch im Münchner Botanischen Garten. Um alles über den aus Agaven gewonnenen Tequila zu erfahren, besucht man aber lieber The Chug Club in Hamburg. Hochzeitspaare können selbstredend auch in Deutschland waschechte Mariachi-Bands buchen und »Cucurrucucú Paloma« oder »Cielito lindo, canta y no llores« mitschluchzen! Eine der besten Sammlungen der Maya-Kunst ist im Hamburger Museum am Rothenbaum, Kulturen und Künste der Welt« (MARKK) zu sehen, während die faszinierende Teotihuacán-Sammlung des Berliner Ethnologischen Museums vor Kurzem ins Humboldtforum umgezogen ist. Ay caramba!

1 MEXIKOHAUS, BOTANISCHER GARTEN, MÜNCHEN

Mexikos Botanik auf der Spur

Kakteen wie in einem knochentrockenen Canyon Nordmexikos: Nicht umsonst hat der Botanische Garten Münchens sein nach Süden ausgerichtetes riesiges Glashaus für die sukkulenten und trockenheitsliebenden Pflanzen Amerikas »Mexikohaus« genannt. Hier fehlt nur noch Speedy Gonzales, die schnellste Maus von Mexiko! Im Winter halten sich verfrorene Besucher dort natürlich besonders gerne auf. Auffällig sind die großen Säulen- oder Kandelaberkakteen. Immer für einen Witz gut sind die Kugelkakteen, welche im Volksmund scherzhaft »Schwiegermuttersessel« genannt werden. Dazu kommen kriechende Kakteen und Agaven. Und oft gibt es leuchtende Blüten zu sehen: weiß, gelb, orange, rot oder violett.
>> www.botmuc.de

2 MARKK, HAMBURG

Die Erfinder der Null

Seit Langem ist Hamburg ein Zentrum der Mayaforschung. Man braucht also nicht unbedingt nach Mexiko-Stadt zu reisen, um im dortigen Anthropologischen Museum die Kunstschätze dieses geheimnisvollen Volks zu bewundern. Auch das Hamburger »Museum am Rothenbaum, Kulturen und Künste der Welt« (MARKK) hat eine faszinierende Maya-Abteilung zu bieten. Hier gibt es zum Beispiel erlesene Tonfiguren und bemalte Gefäße aus der klassischen Zeit zu sehen. Doch die Geschichte und Kultur der Maya endete nicht mit der spanischen Eroberung: So hat man in Hamburg sogar eine Dorfstraße mit Museum, Schule und Kirche nachgebaut. Highlights der Sammlungen sind die farbenfrohen Textilien mit kunstvollen Mustern, die in Mexiko und Mittelamerika bis heute getragen werden: Blusen, Röcke, Hemden, Hosen und Kopftücher, aber auch Decken, Tragetücher und Tanzkostüme. Dazu gibt es für Groß und Klein viel Spannendes zu lernen: Wie ist das rituelle Ballspiel entstanden, wie funktioniert der legendäre Mayakalender? Und haben die Maya tatsächlich die Null erfunden?
>> Rothenbaumchaussee 64, Hamburg, www.markk-hamburg.de

3 LA TAQUERIA, MÜNCHEN

Mexikanisch statt Tex-Mex

Authentische mexikanische Küche ist in Deutschland gar nicht so leicht zu finden, denn es dominiert relativ fade Tex-Mex-Küche. Ganz anders die Münchner La Taqueria, die nicht nur nach dem klassischen Straßenstand benannt ist, den es in Mexiko an jeder Ecke gibt: Hier schmeckt es auch so! Schon das quietschbunte Ambiente entführt nach Mexiko. Die Tacofüllungen sind jedenfalls allesamt fabelhaft. Unbedingt »Cochinita pibil« probieren: fein gewürztes Spanferkel auf yucatekische Art.
>> Zweibrückenstr. 9, 80331 München, www.taqueria.de

4 THE CHUG CLUB, HAMBURG

Tequila trinken – aber richtig

Das Wichtigste vorweg: Sie haben Tequila bisher immer falsch getrunken! Erst das Salz vom Handrücken schlecken, dann den Tequila herunterkippen und schließlich in ein Stück Zitrone beißen: Nein, das macht in Mexiko niemand. Denn dafür ist das mexikanische Nationalgetränk aus dem Bundesstaat Jalisco viel zu gut. Der Brand besteht zu 100 Prozent aus Agave und wird – zumindest die besseren Sorten – wie Whisky oder Cognac in Holzfässern gelagert und schmeckt dann süß nach Honig oder würzig nach verschiedenen Kräutern. Nur der erste Schluck brennt etwas, der zweite nicht mehr. Also nicht runterkippen, sondern die Aromen genießen, am besten aus dem »Vinum«-Glas des österreichischen Unternehmens Riedel. All diese Tequila-Geheimnisse erfährt man im Hamburger The Chug Club, einer feinen Cocktailbar in St. Pauli, die sich auf Tequila und Mezcal spezialisiert hat.
>> Taubenstr. 13, Hamburg, www.thechugclub.bar

5 MEXAMBIENTE, AICHACH

Mexikos Farbenpracht
für Zuhause

Mexikanisches Flair im eigenen Haus und Garten? Bei Mexambiente gibt es in herrlich bunten Mustern bemalte Dekorfliesen für Küche und Bad aus Guanjuato, aber auch von mexikanischen Künstlern handbemalte Aufsatz- und Einbauwaschbecken sowie farbenfrohe Vasen und Blumentöpfe. Man kann die guten Stücke online bestellen, aber auch nach Voranmeldung im bayerischen Aichach besichtigen.
>> www.mexambiente-shop.com

Mexiko für die Ohren

Zu einer echten Fiesta Mexicana gehört einfach eine Mariachi-Band! Vielfach ausgezeichnet wurde »Dos Aguilas«, die all die mexikanischen Musikvarianten wie »Huapango«, »Son Mexicano«, »Ranchera« und »Joropo« im Repertoire hat und originalgetreu interpretiert. Natürlich tragen alle Bandmitglieder die typische Tracht: spitze Cowboystiefel, einen breitkrempigen, verzierten Sombrero, enge Hosen mit gestickten Bordüren oder Silberbeschlägen und eine ebenfalls reich dekorierte, westenförmige Jacke. Man kann sie auf der Bühne erleben oder für die private Feier, besonders Hochzeiten, buchen, und schon ist die musikalische Reise nach Guadalajara, der Hauptstadt des mexikanischen Bundesstaates Jalisco und zugleich eines der populärsten Mariachi-Lieder, perfekt.
>> www.thelatinband.com

Kia ora

Weiter weg als nach Neuseeland kann man eigentlich nicht fliegen. Doch das »Land der langen weißen Wolke«, von Einheimischen gerne auch »ENZED« genannt, ist auch in Deutschland präsent, selbst wenn viele Menschen hauptsächlich an eine leckere grüne Stachelfrucht denken, wenn von Kiwis die Rede ist. Die faszinierende Kultur der Maori-Ureinwohner ist im Hamburger Museum am Rothenbaum zu bewundern, und wenn neuseeländische Rugbyspieler der Nationalmannschaft »All Blacks« endlich wieder nach Deutschland kommen, werden sie die wohl faszinierendsten Grimassen der Welt schneiden. Aber Angst muss deshalb niemand vor ihnen haben: Die »Kiwis« haben die vielleicht entspannteste Lebenseinstellung der Welt.

MARKK – MUSEUM AM ROTHENBAUM, HAMBURG

Die Entdecker kommen nach Hamburg

Das ab der Mitte des 19. Jahrhundert in Neuseeland entstandene Haus RAURU im Hamburger MARKK, ein typisches Versammlungshaus (wharenui) der Maori, vermittelt Besuchern faszinierende Einblicke in ihre Welt. Die erlesenen Schnitzarbeiten und filigrane Flechtarbeiten erzählen mit ihrer reichen Symbolik von den mythischen und kosmologischen Vorstellungen der Maori, die einst von Polynesien aus mit ihren Kanus Aotearoa, das »Land der langen weißen Wolke«, entdeckten.
>> www.markk-hamburg.de

 OKTOBERFEST 7s, MÜNCHEN

Erst tanzen, dann spielen

Wann kann man schon in Deutschland einen echten »Haka« erleben? Wenn eine Rugbymannschaft aus Neuseeland zu Gast ist. Allzu häufig sind diese Gelegenheiten nicht, aber beispielsweise beim »Oktoberfest 7s«, einem Rugbyturnier, an dem auch die deutsche Nationalmannschaft teilnimmt, darf hoffentlich auch wieder die neuseeländische Nationalmannschaft der »All Blacks« im Münchner Olympiastadion begrüßt werden. Kenner unterscheiden bei dem Maori-Tanz zwischen dem traditionellen, schon 1810 komponierten Titel »Ka Mate« und dem neugeschriebenen »Kapa o Pango«. Jedenfalls gibt es ein lautstarkes Spektakel mit furchteinflößende Grimassen zu sehen. Inzwischen kontern manche Gegner der »All Blacks« mit einem eigenen Programm.
>> www.oktoberfest7s.com

 ANDERNACH

Acht Minuten Eruption

In Rotorua auf der Nordinsel Neuseelands faucht, blubbert und stinkt es gewaltig: Zahlreiche Geysire schießen immer wieder ihr kochend heißes Wasser in die Luft. Der Andernacher Kaltwassergeysir macht das auch. Vulkanisches Kohlenstoffdioxid treibt das Wasser alle zwei Stunden für etwa acht Minuten in bis zu 60 Meter Höhe, allerdings ohne den betörenden Duft fauler Eier und Verbrennungsgefahr. Außerdem kann er mit einem Rekord aufwarten, immerhin ist er der höchste Kaltwassergeysir der Welt.
>> www.geysir-andernach.de

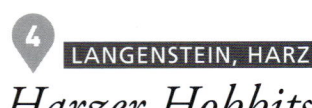

Harzer Hobbits

Die Hobbits von Mittelerde wohnen – zumindest in der Filmkulisse – in Neuseeland, aber in den Höhlenwohnungen von Langenstein im Harzer Teufelsmauergebiet südlich von Halberstadt würden sie sich sicher auch wohlfühlen. Fünf der einst zehn in den weichen Sandstein geschlagenen »Hobbithöhlen« sind erhalten geblieben. Im Winter war es hier oben am Berg viel wärmer als drunten im schattigen Dorf. 1855 begannen arme, junge Menschen hier mit dem Bau der Wohnungen, zunächst aus der Not heraus, doch dann blieben sie. Der letzte Bewohner, »Drehorgel-Ludwig«, starb 1910. Doris Schwalbe kümmert sich um die Höhlenwohnungen, hat sie liebevoll puppenstubenhaft neu möbliert und führt Besucher gerne durch das Hobbitreich.

Goedendag!

NIEDERLANDE

Es gibt Orte in Deutschland, da fühlt man sich wirklich in unser nordwestliches Nachbarland versetzt. Beim Anblick der Burg von Bad Bentheim taucht man tief in niederländische Gemälde des 17. Jahrhunderts ein. Besonders holländisch gibt sich das nordfriesische Friedrichstadt, das ebenso von Niederländern gegründet wurde wie das Holländische Viertel in Potsdam, das ein rauschendes Tulpenfest feiert. Apropos Tulpen: Auch am Niederrhein und in der Magdeburger Börde verwandeln sie die Landschaft im April in farbenfrohe Blumenteppiche. In Niedersachsen drehen sich dafür besonders viele dekorative Windmühlen: Tolle Landschaften zum »lekker fietsen«, also gemütlich Rad zu fahren.

① FRIEDRICHSTADT

Amsterdam des Nordens

Kaufmannshäuschen mit Treppengiebeln, verträumte Grachten, Fahrräder auf holprigem Kopfsteinpflaster und der Kirchensegen auf Holländisch! Wie nur ist das »Amsterdam des Nordens« in die wildromantische nordfriesische Flusslandschaft von Eider und Treene gekommen? Das Historische Museum »Alte Münze« am Mittelburgwall erzählt, wie Friedrich III., Herzog von Schleswig-Holstein-Gottorf Anfang des 17. Jahrhunderts holländische Kaufleute ins Land holte. Allein der erträumte Handel mit Spanien, Persien und Indien scheiterte am Dreißigjährigen Krieg. Als Lockmittel

Eet smakelijk!

Wer schon einmal in einem niederländischen Supermarkt war, wird sich sicher an die zig verschiedenen Tetrapacks und Eimer in den Kühlregalen erinnern. Darauf steht »Vla«, darin ist die niederländische Nationalnachspeise. Für nicht wenige Niederländer ist der recht flüssige Pudding ein fester Bestandteil des Lebens, als tägliches Dessert nach dem Abendbrot. Für jeden Geschmack gibt es eine eigene Sorte, die Klassiker sind Vanille und Schokolade. Ergänzt wird Vla üblicherweise durch Obst, Beeren oder »hagelslag«, also Schokostreusel. Appetit bekommen? Dann kann man sich den Geschmack der Niederlande auch auf den eigenen Tisch holen. Aus Milch, Sahne, Zucker, Eiern und Stärke kann man Vla ganz einfach selbst machen und je nach Vorliebe mit Vanille, Schokolade oder Karamell kombinieren.
Eet smakelijk – Guten Appetit!
>> https://dreilaenderschmeck.de/rezepte/vanille-vla/

für die Holländer hatte der Herzog 1621 auch Religionsfreiheit gewährt. So wurde schon 1624 in Friedrichstadt die erste, 1854 wiedererrichtete Remonstrantenkirche erbaut. Sie ist bis heute die einzige außerhalb der Niederlande. Besonders fotogen ist die geschlossene holländische Fassadenzeile aus der Gründungszeit der Stadt an der Westseite des Marktplatzes. Die Hausmarken an den Giebeln der Häuser künden vom Beruf der einstigen Bewohner. Sehr romantisch sind Grachtenfahrten: Während man auf einem Ruderboot oder einem Kanu gemächlich unter hölzernen Bogenbrücken hindurchgleitet, immer weiter hinaus auf die Treene, fühlt man sich, als befände man sich mitten in Amsterdam.

② NIEDERSÄCHSISCHE MÜHLENSTRASSEN
Von Korn zu Mehl

Holland und Windmühlen gehören einfach zusammen. Aber nicht nur der malerische Kinderdijk, auch das nördliche Niedersachsen zwischen Elbe, Unterweser und Lüneburger Heide ist mit alten Wassermühlen und fotogenen Windmühlen reichlich gesegnet, denn Wasser und Wind gab es in den küstennahen Regionen Niedersachsens schon immer reichlich. Besonders pittoresk mit ihren sich drehenden Flügeln und den wuchtigen Türmen des Bardowicker Domes im Hintergrund ist die 1813 errichtete und inzwischen wieder funktionstüchtige Holländerwindmühle von Bardowick im Landkreis Lüneburg. Nicht minder malerische und funktionsfähige Galerieholländer stehen in Artlenburg und Lauenburg am Elbufer. Die bekannteste Mühle überhaupt steht aber im Landkreis Osterholz: Der Wallholländer von Worpswede galt schon den Malern der berühmten Künstlergemeinde als beliebtes Motiv. Die Tradition des Mehlmahlens kann man jedes Jahr am Pfingstmontag erleben. Dann erwachen viele Mühlen wieder zum Leben, wenn sich im Rahmen des Deutschen Mühlentags die Mühlräder drehen und aus Korn Mehl entsteht. Tradition wird direkt erlebbar und so fühlt man sich dem Kinderdijk ganz nah.

Was bezahlt ist, wird gegessen

Wenn man über die typischen Seiten der Einwohner eines Landes spricht, läuft man immer die Gefahr, ins Fettnäpfchen der Klischees zu tappen. Doch manchmal sind solche Zuschreibungen auch mehr als bloße Worte. Die Niederländer zeigen das beispielsweise mit dem »flessentrekker«, einem speziellen Utensil, mit dem man die letzten Reste des Joghurts aus dem Becher oder den letzten Klecks Marmelade aus dem Glas kratzen kann. Kein Wunder, dass man ihnen äußerste Sparsamkeit nachsagt! Diese Lebenseinstellung teilen die Niederländer unter anderem mit den Schwaben. Und wer weiß, vielleicht findet man ja auch in Augsburger oder Tübinger Küchen etwas niederländischen Erfindergeist oder gar einen Flessentrekker?

3 PELLWORM

Frischluft + Fahrrad = Freiheit

»Lekker fietsen«, also gemütlich Rad fahren, gehört zu den Leidenschaften der Niederländer, gerne auch mal hart am Wind, denn auch »uitwaaien«, sich gehörig durchpusten zu lassen, kann ein Genuss sein. In Deutschland geht das besonders gut auf dem Nordseeküstenradweg. Wem das doch etwas zu viel Wind ist: Die grüne Nordseeinsel Pellworm mitten im UNESCO-Weltkulturerbe-Wattenmeer ist perfekt für Einsteiger: Einfach die 28 Kilometer Außendeichrunde abfahren, direkt am Meer mit Blick auf die Halligen. Da die Insel fast kreisrund ist, kommt irgendwann auch der Wind von hinten. Und wenn im Frühling die dunkelbraune Windmühle von 1652 inmitten leuchtend gelber Rapsfelder in den Blick rückt, dann könnte das hier fast Holland sein.
>> www.pellworm.de

Sein Geschick versuchen

Sjoelen ist in den Niederlanden ein beliebtes Spiel, bei dem die eigene Geschicklichkeit herausgefordert wird. 30 Holzscheiben versucht man dabei über ein zwei Meter langes Holzbrett in vier kleine Tore zu schieben. Seit den 1960er-Jahren wird es auch in Deutschland gespielt, jedoch unter dem Namen Jakkolo. Wer erst einmal zusehen möchte, wie Profis ihr Glück versuchen, kann nach Terminen von Länderturnieren des Deutschen Jakkolo Bunds Ausschau halten. Einmal Feuer gefangen, kann man Sjoelen/Jakkolo dann auch einmal selbst ausprobieren. Bauanleitungen für das »Sjoelbak« kann man online finden (z. B. www.bauanleitung. org/selbstbau/jakkolo-bauanleitung/), sodass man nur noch Holz und Leim braucht, um sich den niederländischen Spielspaß nach Hause zu holen.

188

GREVENBROICH, SCHWANEBERG

Frühlingshafter Farbenrausch

Die endlosen farbenfrohen Tulpenfelder des niederländischen Keukenhof ziehen jedes Jahr Millionen von Besuchern an. Traumhaft schöne Pendants gibt es aber auch in Deutschland. Eine Topadresse für die bunte Pracht am deutschen Niederrhein ist der Paulushof von Martin Francken bei Grevenbroich Kapellen. Im Farbenrausch präsentieren sich auch die Tulpenfelder des Betriebs Spezialkulturen Christiane Degenhardt in Schwaneberg bei Magdeburg. Nur zwei Wochen dürfen sie blühen, dann werden die Blüten abgeschnitten, denn die ganze Kraft soll in die Tulpenzwiebel gehen. Aber im April klicken die Kameras: Tulpen bis zum Horizont, in farbenrein gepflanzten Reihen: Rot, Gelb, Lila, Violett, Rosa. Gewoon prachtig!

5

5 HOLLÄNDISCHES VIERTEL, POTSDAM

Hollands Kultur nachspüren

In der fünften Staffel von »Homeland« diente das Holländische Viertel in Potsdam sogar als Kulisse der Stadt Amsterdam, so authentisch wirkt es. Angelegt wurde es 1733 und 1742 unter Leitung des niederländischen Baumeisters Jan Bouman aus Amsterdam: 134 Ziegelstein-Häuser in vier Karrees. Warum wurden Baumeister aus den Niederlanden engagiert? Weil diese wohl am meisten vom Trockenlegen des sumpfigen Grunds verstanden und Friedrich Wilhelm I. zudem eine Vorliebe für die niederländische Kultur hatte. Im Dezember findet hier der niederländische Weihnachtsmarkt (Sinterklaas) statt. Kinderaugen leuchten, die Großen freut es, sich auf niederländische Art auf die Weihnachtszeit einstimmen zu lassen. Im April lebt das Viertel zu einem weiteren Event auf. Mehr als 170 Musiker, Tänzer und Handwerker sorgen dann beim Tulpenfest für holländisches Flair in Potsdam, und Abertausende Tulpen schmücken in allen erdenklichen Farben den Bassinplatz. Serviert werden Käse, Genever, Poffertjes und Kniepertjes, die zwischen heißen Eisen im Feuer frisch gebacken werden.

Så fint
å se deg!

NORWEGEN

Wikinger gab es vor tausend Jahren auch im heutigen Schleswig-Holstein, wo sie mit ihren Drachenschiffen auf Deutschlands einzigem Meeresfjord die Schlei hinauffuhren. Noch »norwegischer« sieht es am oberbayerischen Königssee aus. In die Halle des Bergkönigs aus der Oper »Peer Gynt« glaubt man sich wiederum in der »Eiskapelle« an der Watzmann-Ostwand versetzt. Jetzt fehlt nur noch eine Stabkirche! Die gibt es in Goslar zu sehen, allerdings nur als historisierenden Nachbau. Oslos legendärer Skisprungschanze macht die Heini-Klopfer-Skiflugschanze in Oberstdorf Konkurrenz. Echte Sprunggenies tummeln sich auch auf Helgoland: Hier hüpfen an Sommerabenden die possierlichen Trottellummen ganz wie an den Steilküsten Spitzbergens furchtlos ins Meer.

❶ HAITHABU
Einmal Wikinger sein

Langsam gleitet ein nordisches Langschiff die Schlei hinauf. Auf dem geblähten Segel prangt ein roter Drache: Die Wikinger kommen! Doch bei näherem Hinsehen tummeln sich auf dem Schiff nur Touristen mit roten Rettungswesten, die sich während der alle zwei Jahre im August stattfindenden Schleswiger Wikingertage diesen Spaß gönnen. Dann wird direkt an der Schlei ein großes Wikingerdorf aufgebaut. Schaukämpfe, Axtwerfen, Bogenschießen und Holzschnitzen stehen auf dem Programm. Immerhin war die Wikingersiedlung Haithabu am Haddebyer Noor um das Jahr 1000 eine der größten Handelsstätten des nördlichen Europas. In der Schiffshalle des Museums von Haithabu wurde ein Wikingerkriegsschiff originalgetreu nachgebaut. Spektakulärstes Ausstellungsstück in der Schiffshalle ist ein Langschiff, das im Hafen von Haithabu ausgegraben und zum Teil wieder zusammengesetzt wurde. Ganz wie im Osloer Wikingerschiffmuseum.
>> www.haithabu.de

❷ BERCHTESGADENER LAND
Die bayerischen Fjorde

Wenn man vom Malerwinkel über den tiefgrünen, glasklaren Königssee blickt, erinnert die Szenerie tatsächlich an einen Fjord, der sich zwischen die steilen Felswände von Watzmann, Steinernem Meer und Hagengebirge zwängt. Die Illusion wäre perfekt, hätte man die kleeblattförmige Wallfahrtskirche St. Bartholomä als Stabkirche errichtet. Sehr norwegisch wirkt dagegen das Naturschauspiel der »Eiskapelle« an der Watzmann-Ostwand, die frappant an die blau schimmernden Gletscherhöhlen des Nigardsbreen erinnern, einer Gletscherzunge des Jostedalsbreen.

 SKIFLUGSCHANZE, OBERSTDORF

Und hopp!

Zugegeben, Oslos legendäre Skisprungschanze Holmenkollen fährt schwere Geschütze auf. Im Skimuseum des Schanzenturms kann man den atemberaubenden Sprung in einem Ski-Simulator absolvieren. Aber die neue Heini-Klopfer-Skiflugschanze von Oberstdorf kontert, mit barrierefreiem Schrägaufzug hinauf zu einem grandiosen Ausblick. Auf dem Absprungbalken, 70 Meter über dem Boden, wird Virtual Reality geboten. Skispringen heißt auf Norwegisch übrigens »å hoppe« – aber das überlassen wir dann doch lieber den Profis.
>> www.skiflugschanze-oberstdorf.de

 GUSTAV-ADOLF-STABKIRCHE, GOSLAR

Beten unter dem Wikingerschiff

Einst gab es tatsächlich in Deutschland eine authentische Stabkirche, die aus dem norwegischen Vang ins schlesische Karpacz versetzt wurde. Aber dieser Ort im Riesengebirge gehört heute zu Polen. Die Gustav-Adolf-Stabkirche im Goslarer Stadtteil Hahnenklee-Bockswiese ist dagegen eine 1908 eingeweihte freie Nachbildung der pagodenartigen Stabkirche von Borgund, die 1150 errichtet und niemals umgebaut wurde. Architekt Karl Mohrmann hatte sich auf einer Norwegenreise in die Idee vernarrt, dass dieser Baustil zu Zeiten der Christianisierung Deutschlands im gesamten norddeutschen Raum heimisch gewesen sei. War er zwar nicht, Goslar dafür alte Kaiserstadt und Wilhelm II. ein Norwegenfan. Kunstvoll geschnitzte Drachenköpfe und Schlangensymbole verweisen auf eine Zeit zurück, in der vermutlich noch mancher an Thor und Odin glaubte. Die Dachkonstruktion erinnert an ein umgedrehtes Wikingerschiff.
>> www.stabkirche.de

 OLEANA, HAMBURG

Natürlich schick von Bergen bis Hamburg

Ungemein praktisch und wärmend sind sie ja, die klassischen Norwegerpullover. Nur ihr Design ist für den ein oder anderen schon etwas aus der Mode gekommen. Ganz anders die todschicken farbenfrohen Kollektionen von Oleana, die nun schon seit über 20 Jahren in Ytre Arna bei Bergen hergestellt werden: aus hochwertigen, nachhaltig produzierten Naturstoffen wie Wolle, Alpaka, Kaschmir und Seide. Alle tragen die Handschrift von Solveig Hisdal, einer der besten Textildesignerinnen Norwegens. Die Preise sind hoch, aber Qualität und faire Produktion sind es wert. In Hamburg gibt es das einzige Ladengeschäft in Deutschland nur für Oleana-Mode.
>> Poststraße 25, Hamburg, www.oleana.hamburg

 Naturspektakel auf der Insel

Bis nach Spitzbergen fliegen, um Trottellummen zu sehen? Das geht auch bequemer, denn seit 2018 düst der neue Halunder-Jet in nur 75 Minuten von Cuxhaven nach Helgoland. Rund um das Wahrzeichen der Steilküste des Oberlands – die Felsnadel »Lange Anna« – gibt es abends den berühmten »Lummensprung« zu bestaunen. Auf Helgoland nistet nämlich Deutschlands einzige Kolonie von Trottellummen. Im Juni und Juli ziehen sie ihre Jungen drei Wochen lang an der Felswand auf, dann springt Papa ins Meer und ruft sein Junges so lange, bis es hinterher hüpft. Mit einem Fernglas kann man das große Schauspiel live erleben.

 Ski + Apfelsinen + Schokoriegel = Frohe Ostern!

Norweger sind für ihr »friluftsliv« – also das Leben in und mit der Natur, das Wandern, Zelten, »bål« (Lagerfeuer) zünden und so weiter – berühmt. Und natürlich lassen sie sich dabei auch nicht durch kalte Temperaturen und Schnee abhalten. Dann werden die Ski angeschnallt, es geht in die Berge und abends wärmt man sich in der »hytta« am Feuer wieder auf. Nicht zuletzt das Telemarken haben sie dabei erfunden. Besonders traditionsreich ist das Skifahren beziehungsweise Skitourengehen an Ostern. In vielen deutschen Skigebieten ist zu dieser Zeit die Saison bereits zu Ende, doch auf der Zugspitze, in Lenggries, am Spitzingsee oder am Nebelhorn darf man auch bis Mitte April oft noch mit gutem Schnee rechnen. So kann man es den Norwegern nachmachen. Nicht fehlen darf dabei die Verpflegung, die bei den Norwegern stets aus Thermoskannen-Tee, Apfelsinen und Kvikk Lunsj (ähnlich zu KitKat, aber mit Tourenvorschlägen auf der Verpackungsrückseite – typisch norwegisch also) besteht. Also dann: God Påske!

Auf den Spuren der Trolle

Die norwegischen Wälder sind mindestens so berühmt wie die norwegischen Fjorde – vor allem, weil in ihnen die Trolle wohnen. Sei es nur in der Fantasie oder als hölzerne Nachbildungen, man trifft die kleinen Wesen, die fest in der Tradition des Landes verwurzelt sind, wirklich überall! Ein paar von ihnen sind im Laufe der Jahre ausgewandert und so kann man sich auch in Deutschland auf ihre Spuren begeben und ihre kleinen Behausungen im Wald suchen. Zum Beispiel im Altmühltal auf dem Waldlehrpfad von Hofstetten, oder in den sogenannten Wichtelwäldern, wie man sie bei Bottrop oder im Odenwald findet.

¡Wuynus diyas!

PERU

Die »Nueva Cocina Peruana« macht inzwischen hierzulande Furore: Ceviche und Pisco Sour – Perus kulinarischen Schätze – haben sich längst auch in Deutschland einen Namen gemacht, das glutenfreie Inka-Getreide Quinoa gilt sogar als »Superfood«. Nur Meerschweinchen werden in Deutschland doch lieber gestreichelt, statt – wie in Peru – zum Essen serviert. Die Frankfurter Goldkammer illustriert, warum so viele Konquistadoren nach Peru zogen und auch mancher deutscher Abenteurer sich auf die Suche nach Eldorado machte. Noch heute zieht Peru uns an, aber anders, nämlich mit Alpakapullover und Shirts aus feinster Pima-Baumwolle, auch die »Seide der Inka« genannt. Nach wie vor bezaubern auch peruanische Musik und farbenfrohe Volkskunst. Wie gut, dass man dafür nicht extra in einen Flieger steigen muss, sondern all dies auch vor der eigenen Haustüre finden kann.

 GOLDKAMMER, FRANKFURT

Die Faszination des Goldes

Die Schätze des Museo de Oro in Lima sind legendär. Die Völker Altamerikas, auch die Inka, sahen im Gold das Strahlen der Sonne, ein Symbol für weltliche und spirituelle Macht, das sogar die Toten schützte. Doch nicht nur in Peru (und Kolumbien) gibt es fantastische Goldartefakte zu sehen: Auch die 2019 eröffnete Goldkammer, die passenderweise in der Bankermetropole Frankfurt eingerichtet wurde, zeigt (in Raum 5) erlesenen Goldschmuck aus »Eldorado« mit preisgekröntem Lichtdesign, das wie in Lima den Zauber des gelben Metalls noch verstärkt. Das unterirdische Kammersystem ist einer Goldmine nachempfunden.
>> Kettenhofweg 27, Frankfurt, www.goldkammer.de

2 **ABOLENGO DE ALPACA, MÜNSTERLAND**

Tiefenentspannt wandern

»Wer einmal in die Augen eines Alpakas geblickt hat, ist rettungslos verloren.« Wer das nicht glaubt, kann sich inzwischen auf zahlreichen Alpakahöfen in Deutschland von der Weisheit der Peruaner überzeugen. Alpakas, eine der vier südamerikanischen Kamelarten, sind empathische Tiere, die nicht nur bei traumatisierten Menschen oft Positives bewirken. Viele Höfe bieten Wanderungen mit Alpakas an, auch für Kinder ein traumhaftes Erlebnis. Im Münsterland sehr beliebt ist Gut Aldenhövel der Familie Näsemann, auf dem über 100 Alpakas leben. Das perfekte Souvenir sind Steppbettdecken aus feinstem Alpakahaar, die herrlich wärmen, in denen man aber nicht schwitzt. Mit den Erlösen werden viele soziale Projekte in Peru unterstützt.
>> Aldenhövel 63, 59348 Lüdinghausen (bei Münster)
www.abolengo-alpaka.de

Abkühlung auf Peruanisch

Einen erfrischenden Moment Peru kann man sich ganz einfach nach Hause holen. Alles was man dafür braucht sind 500 Gramm reifes Obst, 750 Milliliter Wasser und 100 Gramm Zucker. Welches Obst man nimmt, bleibt ganz den persönlichen Vorlieben überlassen. Gewaschen oder geschält gibt man es mit dem Wasser und dem Zucker in einen Mixer und zerkleinert es. Dann etwa ein Viertel der flüssigen Mischung in den Kühlschrank stellen, den Rest für etwa vier Stunden einfrieren, am besten in einer Eiswürfelform. Die fruchtigen Eiswürfel dann erneut mit dem Mixer zerkleinern und dabei die Flüssigkeit zugießen, bis man eine cremige, aber noch nicht zerschmolzene Konsistenz erreicht. Und schon ist die typisch peruanische Cremolada fertig!

③ EL INKA, TRAUNSTEIN

Peruanisch stöbern

Flöten, Panflöten, Rasseln, Handtrommeln und Tamburin sind die wichtigsten Instrumente der peruanischen Musik. Beim Weltladen El Inka lassen sich außerdem peruanische Weihnachtskrippen, Sonnenspiegel, aus Kürbis hergestellter Schmuck, farbenfrohe Textilien und Bilder im Stil der Pintura Cusquenia mit der Heiligen Rosa de Lima, die in fast jedem peruanischen Wohnzimmer hängen, erwerben. Immer wieder macht die Gründerin und Leiterin Rina Gurtner, eine geborene Andina, die selbst Handwerkerin ist und neben Spanisch auch Quechua spricht, in Peru neue Entdeckungen.

>> Rupertistr. 24, Traunstein, www.elinka.com

④ CHICHA, BERLIN

Perus Vielfalt auf dem Teller

Dass die peruanische Küche zu den besten der Welt zählt, wusste Anfang des 20. Jahrhunderts bereits die Kochlegende Auguste Escoffier zu berichten. Schon damals verschmolzen in ihr Elemente verschiedener Einwandererküchen: afrikanische, chinesische, japanische, italienische und französische. Heute ist die Nueva Cocina Peruana, die »Neue Peruanische Küche« in aller Munde. Fast die Hälfte aller Touristen kommt aus kulinarischen Gründen nach Peru. Berlin ginge aber auch, denn hier serviert Chicha ein traumhaftes Ceviche, wie das Nationalgericht Perus heißt: In »Tigermilch« (Limetten, Chili, Koriander und Fischflüssigkeit) marinierter roher Fisch und Meeresfrüchte. Dazu kommen Kartoffelspezialitäten aus dem Andenhochgebirge. Im Amazonasbecken gibt es wiederum herrliche exotische Früchte und Gewürze. Nicht-Vegetarier sollten unbedingt die peruanische Leibspeise Anticucho probieren, pikant mariniertes Rinderherzfleisch vom Grill mit Huacatay-Chilisauce. Dazu trinkt man Chicha Morada, ein hausgemachtes, erfrischendes Getränk aus Purpurmais.

>> Friedelstr. 34, Berlin, www.chicha-berlin.de

 DÜSSELDORF, HANNOVER, BADEN

Peruanisch für die Ohren

Wo hört sich Deutschland eigentlich peruanisch an? In der Düsseldorfer »Spanischen Gasse« vielleicht? Oder in Hannover, wo der Verkehrslärm schon deutlich an die Lautstärke Limas erinnert? Ganz besonders aber im Südwesten Deutschlands! Denn auch wenn die Badener natürlich eine ganz andere Sprache sprechen als die Peruaner, ihr Hang zu Verniedlichungsformen ist mindestens genauso hoch.

 CEVICHERIA PEZ, MÜNCHEN

Kosten statt streiten

Ob nun Peru oder Chile die wahre Heimat des Pisco genannten Destillats aus Traubenmost ist, lassen wir mal dahingestellt. Jedenfalls ist das Andenland – also ganz diplomatisch ausgedrückt – berühmt für seinen Traubenbrand, und bei den Peruanern schmeckt Caravedo Quebranta (ausschließlich aus Quebranta-Trauben gebrannt) besonders gut. Dieser Pisco stammt aus einer schon 1684 gegründeten Destillerie, der ältesten des Landes. Als Aperitif oder Digestif kann er pur oder als Mixgetränk genossen werden. Cocktailklassiker ist der Pisco Sour, bei dem der Brand durch Süße und Säure (Limette, Zuckersirup und Angostura) verfeinert und mit einer Eiweißhaube serviert wird. Beim Chilcano erfrischt der Pisco als Longdrink mit Ginger Ale und Limettensaft, wobei je nach Variante Maracuja, Zwergorange oder Waldfrüchte dazukommen können. Besonders gut schmeckt das alles in der Cevicheria Pez, Münchens beste Adresse für neue peruanische Fischküche.

>> Occamstr. 26, 80802 München, www.cevicheria-pez.de

 STUTTGART

Deutscher Ursprung peruanischer Tradition

In Paucartambo im südlichen Peru findet alljährlich ein Festumzug zu Ehren der Virgen del Carmen statt. Hier und auch andernorts werden dabei einzigartige Drahtmasken getragen. Sogar für viele Einheimische sind diese Masken »typisch peruanisch«. Und tatsächlich sind sie zwar über die Zeit hinweg traditionell geworden, doch ihren Ursprung haben sie in Deutschland! Daher findet man sie nicht nur in Peru, sondern auch bei der schwäbisch-alemannischen Fasnacht. Bewundern kann man beispielsweise die als »Larven« bezeichneten handgefertigten Masken der Feuerbach Zunft in Stuttgart.

Cześć!

POLEN

Polnisches Lebensgefühl in Deutschland? Etwas Aufholbedarf besteht da schon noch, auch wenn »Magda macht das schon« in der gleichnamigen TV-Serie jede Menge Sympathiepunkte holt, trotz österreichischer Nationalität und russischem Akzent der Schauspielerin Verena Altenberger sowie noch immer hartnäckig gepflegten Klischees. Sehnsüchtig warten Polenfans auf das im November in Hamburg wieder stattfindende »Polonia Music Festival« und trösten sich in der Zwischenzeit mit polnischen Leckereien wie Bigosz, Knedle und Pierogi. »Polnische« Naturerlebnisse bieten wiederum die durch das Rothaargebirge streifenden Wisente und die im Herbst und Frühjahr rastenden Kraniche aus Masuren.

1 MÜNCHEN, KÖLN, HAMBURG, BERLIN
Polen in den Topf geschaut

Der Krauteintopf »Bigosz«, die »Knedle« genannten süß gefüllten Mini-Klöße und die traditionellen Teigtaschen »Pierogi« sind aus der polnischen Küche gar nicht wegzudenken. Fündig wird man im »Polonika Supermarkt« in der Münchner Maxvorstadt (Heßstraße 58), im polnischen Supermarkt »Groszek« (Kalker Hauptstraße 181) in Köln, in Hamburg bei »LikoPOL« (Rahlstedter Bahnhofstraße 22) und in Berlin in den gut sortierten Filialen von »Häusler« (www.polskashop.de).

2 TYSKIE-SOMMERFESTE IN DEUTSCHEN STÄDTEN
Mit goldener Krone feiern

In Hamburg, Gelsenkirchen, Dortmund, Wiesbaden und weiteren deutschen Städten kann man mit einem besonderen Event bereits in polnische Feiertraditionen eintauchen. Mit polnischer Livemusik, typischen Spezialitäten, familiärer Stimmung und natürlich originalem Bier bekommt man auf dem Tyskie-Sommerfest einen hervorragenden Eindruck, wie unsere nordöstlichen Nachbarn am liebsten laue Sommerabende verbringen. Apropos Bier: Tyskie ist eine der ältesten Brauereien Europas und das milde Hopfenaroma erfreut schon längst nicht nur Einwohner Polens. Unverkennbar ist die Marke mit der goldenen Krone über dem weiß-roten Schriftzug, die man mittlerweile auch in deutschen Supermärkten erhält. Wer es richtig machen möchte, trinkt das polnische Bier übrigens mit einem Strohhalm und einem Schuss Sirup. Dann ist – egal ob auf dem Tyskie-Sommerfest oder bei der eigenen Gartenparty – polnisches Lebensgefühl dabei!

3 CHOPIN-KONZERTE IN BOTTROP UND HAMBURG
Virtuosität in heiligen Hallen

Der Ruf der katholischen Gläubigkeit vieler Polen eilt dem Land voraus und tatsächlich gehört für viele polnische Familien der Sonntagsbesuch in der Kirche fest zum Leben. Kein Wunder, muss man dort noch nicht einmal früh aufstehen, denn in vielen Kirchen finden bis zu acht Messen über den ganzen Sonntag verteilt statt. Wer von dem Gedanken, in Deutschland eine Sonntagsmesse zu besuchen, weniger angetan ist, kann ja auch zu einem anderen Anlass in die Kirche gehen. Zum Beispiel zu einem Chopin-Konzert. Bottrop, Altona und viele andere Orte bieten regelmäßig romantische Konzerte bei Kerzenschein in der stimmungsvollen Atmosphäre ihrer Kirchen an. So kann man sich zurücklehnen und im polnischen Klang des 19. Jahrhunderts schwelgen. Chopin, der als Wunderkind galt und im Alter von 39 Jahren bereits verstarb, ließ sich neben der klassischen Klaviertradition auch von polnischer Volksmusik inspirieren.

4 BODDENKÜSTE
Die Glücksvögel

Nordostpolen ist Kranichland! Besonders an den einsamen Seen Masurens und in den Torfmooren und Sümpfen der Flusstäler von Biebrza fühlen sich diese majestätischen Vögel wohl. Doch einige Monate lang ist der Wappenvogel der Lufthansa auch an der Boddenküste zu beobachten. Ab September fliegen sie ein und bleiben bis Anfang November. Im Rastgebiet zwischen den Städten Ribnitz-Damgarten und Stralsund kann man die faszinierenden »Vögel des Glücks« von »Kranich-Utkieks« aus unmittelbarer Nähe beobachten. Bedeutendster Rastplatz des Grauen Kranichs (Grus grus) in Mitteleuropa ist der Pramort, der östlichste Teil von Zingst. Von der Meiningenbrücke aus und im Kranichdorf Bresewitz präsentiert sich dann allabendlich ein einzigartiges Schauspiel: Im Zwielicht fliegen Tausende von Kranichen in langgezogenen Ketten oder keilförmigen Flugformationen zu ihren Schlafplätzen ein und veranstalten dabei ein mächtiges Trompetenkonzert. Im März geben sie ein weiteres, aber kürzeres Gastspiel.

5 WISENT-WILDNIS, ROTHAARSTEIG
Zottelige Riesen

Durch Polens großen Urwald von Białowieża streifen heute wieder an die 500 Wisente auf der Suche nach den besten saftigen Gräsern. Diese urzeitlich gehörnten, fast tonnenschweren zotteligen Riesenbüffel kann man aber nicht nur im polnischen Nationalpark an der Grenze zu Belarus beobachten, sondern auch im Rothaargebirge. Es sind die einzigen in Westeuropa frei lebenden Wisente. 2013 fanden die vom Aussterben bedrohten größten Landsäuger Europas rund um das südwestfälische Bad Berleburg eine neue Heimat. Aus nächster Nähe kann man die majestätischen Tiere im Besucherareal »Wisent-Wildnis am Rothaarsteig« erleben: anders als in Polen sogar ohne Fernglas.
>> www.wisent-welt.de

Jetzt geht es ans Eingemachte!

In Polen scheint man auf kuriose Ideen zu kommen: In Warschau eröffnet das Muzeum Sloików (Museum der Einmachgläser), ein Internationales Festival der Einmachgläser wird organisiert,… Doch allzu kurios ist dies gar nicht, denn das Einmachen von Gemüse, Schmalz, Obst und Co. erlebt ein regelrechtes Comeback in Polen. Die junge Generation nimmt so eine uralte und typisch polnische Tradition wieder auf, um dem Trend von Fast Food etwas entgegenzusetzen. Also nichts wie ran an Topf, Einmachgläser und Federklammern und sich vom polnischen Spirit zu Nachhaltigkeit inspirieren lassen!

Bom dia!

PORTUGAL

Dass sich die meerverbundenen Portugiesen am Hamburger Hafen besonders wohlfühlen, verwundert eigentlich nicht. Die Ditmar-Koel-Straße hat sich sogar zu einem regelrechten kleinen Portugiesenviertel gemausert, dessen Lokale fantastisch gute Fischspezialitäten servieren. Aber nicht nur der Stockfisch hat in Deutschland Wurzeln geschlagen. In Berlin pflegt die Gruppe »Trio Fado« melancholische portugiesische Musiktraditionen, und bei Bad Dürkheim gelingt seit einigen Jahren sogar die Herstellung von »Portwein«, der zwar nicht so heißen darf, aber trotzdem so schmeckt. Jetzt fehlt nur noch ein Landschaftsvergleich: Die Eifelmaare erinnern tatsächlich ein wenig an die Vulkanseen auf den Azoren.

210

1 PORTUGIESENVIERTEL, HAMBURG
Schlemmen wie in Portugal

In der Hansestadt fühlen sich Portugiesen offenbar besonders wohl. So ist zwischen Landungsbrücken und Venusberg ein kleines Portugiesenviertel entstanden, mit vielen portugiesischen Lokalen. Die Ditmar-Koel-Straße, welche diagonal durch das Viertel verläuft, bildet dabei die Hauptschlagader. Schon seit 1984 serviert Dona Alice im »Restaurante Porto« authentische portugiesische Spezialitäten wie Salat mit Schwertfisch und Pinienkernen, Rinderfilet in Weißweinsauce, in der Tonpfanne geschmorte Lammkeule in Rotwein. Das kleine gemütliche NAU nebenan gehört den gleichen Inhabern. Natürlich darf in keinem portugiesischen Lokal gebratener Bacalhau (Stockfisch) fehlen. »O Pescador« und »Olá Lisboa« bereiten ihn besonders gut zu und glänzen überhaupt mit knackfrischen Fischplatten und schmackhaften Fischsuppen. Auf Muschelpfannen und Meeresfrüchte spezialisiert ist »D. José«. Zum portugiesisch Frühstücken geht man ins Coffee & Cakes, das himmlische Pasteis de nata (flaumige, mit Sahne gefüllte Pastetchen) zu einem leckeren Galão (Milchkaffee) serviert. Espressofans bestellen »uma bica«.

2 RHEINBRÜCKE, EMMERICH
Eindrucksvolle Hängepartie

Wenn die Rede auf die berühmte, über 2278 Meter lange Tejobrücke (Ponte 25 de Abril) von Lissabon kommt, wird gerne der Vergleich mit der Golden Gate Bridge in San Francisco gezogen. Aber warum nicht Emmerich? Schließlich führt Deutschlands längste Hängebrücke (803 Meter, darunter 500 Meter Stützweite) wie die Tejobrücke über einen Fluss und nicht über einen Meeresarm. Zugegeben, beim Längenvergleich hat die Golden Gate die Nase vorn. Dafür kann man nach Emmerich mit dem Zug fahren.

3 EIFEL

Azorenfeeling ohne Atlantik

Die von dichten Wäldern umgebenen Kraterseen sind eine Hauptattraktion der Azoren. Besonders eindrucksvoll ist der Lagoa de Santiago auf der Azoren-Insel São Miguel. Gibt es eine vergleichbare Landschaft in Deutschland? Dorothea von Schlegel, eine Literaturkritikerin und Schriftstellerin der Romantik und Ehefrau von Friedrich Schlegel, fielen zum Laacher See, einem der vielen tiefblauen Eifelmaare, folgende Worte ein: »Die waldbewachsenen Felsen um den anderthalb Stunden langen und dreiviertel Stunden breiten Wundersee, die ganz deutlich noch die Spuren von vulkanischen Ausbrüchen zeigen, und der dichte Wald, die uralten Stämme …« Genau.

4 TRIO FADO, BERLIN

Weltschmerz für die Ohren

Der portugiesische Musikstil Fado bedeutet übersetzt »Schicksal« und ist untrennbar verknüpft mit »Saudade«, dem portugiesischen Nationalgefühl: Resignierende Trauer, tiefster Weltschmerz, fatalistische Melancholie, an Klippen zerschellte Träume, intensiv gelebte Sehnsucht nach etwas, das man verloren oder nie besessen hat. Fado, der »süße Schmerz des Scheiterns«, in ihm klingen arabische und brasilianische Elemente an, in ihm hört man die schmerzerfüllten Melodien portugiesischer Seeleute heraus, die in jahrelanger Abwesenheit die ferne Heimat verklärten. Kann man das alles nach Deutschland verpflanzen? Die in Berlin gegründete Gruppe »Trio Fado« hat es geschafft: mit der rauchigen Stimme von António de Brito, der weichen Stimme von Maria Carvalho und der von Daniel Pircher gespielten »guitarra portuguesa«. Mit seinem Cello zum Quartett machte Benjamin Walbrodt das Trio. Der Titel ihrer CD »Com que voz« ist eine Hommage an die legendäre Fadosängerin Amalia Rodrigues.

>> www.triofado.de

5 HENSEL UND GRETEL, BAD DÜRKHEIM

Port, aber nicht aus Portugal

Ein Portwein aus Deutschland? Das kann es ja fast gar nicht geben, ohne das Klima, den Boden am Dourofluss und den Portweinlagerhäuser von Vila Nova de Gaia. Und doch gibt es ihn, na ja also fast. Markus Schneider aus Ellerstadt und Thomas Hensel aus Bad Dürkheim lieben Portwein so sehr, dass sie den unkonventionell denkenden Kultwinzer Dirk Niepoort vom Douro in ihre Heimat holten, um ein ganz neues Weingutprojekt zu verwirklichen. Es heißt völlig unportugiesisch »Hensel & Gretel Süß und Rot« und darf nicht offiziell Portwein heißen, sondern nur Likörwein. Schmeckt aber doch wie Port. Dafür sorgt die kräftige Traube Cabernet Cubin, per Hand gelesen im Weingut Hensel im Steinberg oder Hochbenn bei Bad Dürkheim. Die Maischegärung erfolgt in offenen Behältern, und gestampft wird wie in Portugal. Anschließend wird mit Traubenbrand gespritet und der Likörwein 30 Monate lang in alten Portweinfässern gelagert. Heraus kommt ein fast schwarzer, cremiger und hocharomatischer Port aus Deutschland, mit Aromen dunkler Schokolade und eingelegter roter Früchte, mit einem Hauch von Mandeln und Pflaumen. Maravilhoso!
>> www.hensel-gretel.com

Polierte Steine

Nicht nur in Porto, sondern überall im Land sind Häuser, Brunnen und mehr mit den berühmten blauen Fliesen, den Azulejos, gestaltet und geschmückt. Auch hierzulande sind sie immer mehr im Trend – wenn auch meist nur als Dekorationselement im Badezimmer. In einigen Fliesenfachmärkten bietet sich dazu eine große Auswahl. Wer dort nicht das Richtige für sich findet, kann sie sich auch selbst gestalten. In Hamburg beispielsweise bietet Art Pool Kurse und Workshops an, in denen die Kunst des Fliesenmalens gelernt werden kann. Die Fliesen, die dabei bearbeitet werden, stammen auch original aus Portugal. Wer dann noch ein bisschen mit Wissen angeben möchte, sollte sich den Namensursprung merken: »Al-zuleique« bedeutet in etwa »kleiner, polierter Stein«.
>> www.art-pool.info/kacheln-anmalen-workshop/

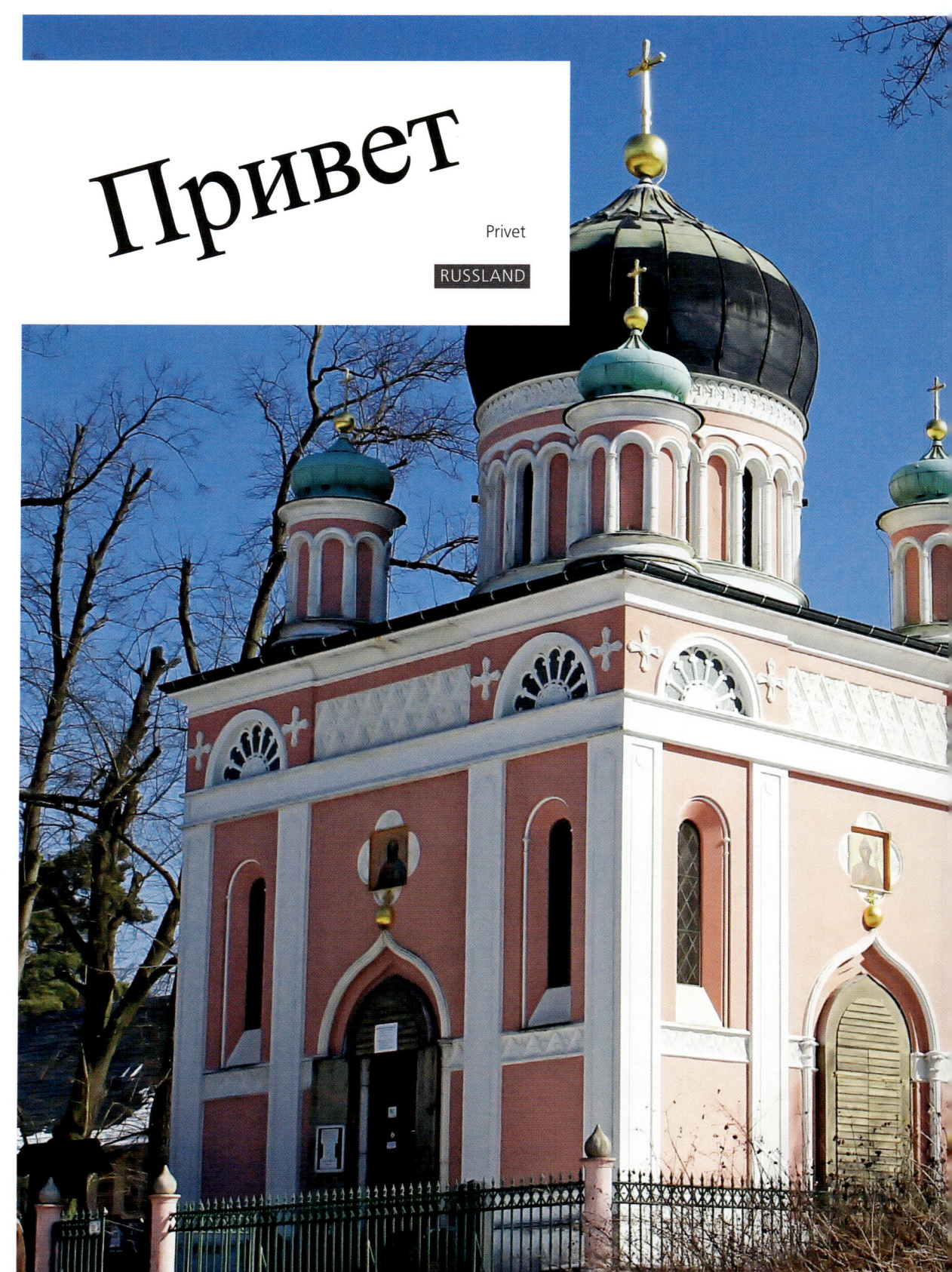

Привет

Privet

RUSSLAND

Es muss nicht immer Kaviar sein, und auch »Stogramm«, die aus sowjetischer Zeit stammende Tradition, dem Gast Wodka zehntelliterweise zu servieren, muss man so wörtlich nicht mehr pflegen. Aber eine echte Berliner »Russendisko« ist ohne das »Wässerchen« kaum denkbar und natürlich auch nicht die Jarmarka in Bad Salzuflen, der größte russische Jahrmarkt Deutschlands. Wer hingegen im schwäbischen Uhingen gefeiert hat, könnte den Kater am nächsten Tag in einer echten russischen Banja ausschwitzen. Keineswegs schuld ist jedoch der Wodka, wenn man in Wiesbaden oder Bad Homburg die goldenen Kuppeln russischer Kirchen leuchten sieht. Verantwortlich sind kurende Zaren des vorletzten Jahrhunderts.

1 RUSSISCH-ORTHODOXE KIRCHE ST. ALEXANDRA, BAD EMS
Moskau zum Vorbild

Im 19. Jahrhundert war Bad Ems als »Weltbad« und Sommerresidenz zahlreicher europäischer Monarchen und Künstler berühmt. Kaiser Wilhelm I., die Zaren Nikolaus I. und Alexander II., Richard Wagner und Fjodor Michailowitsch Dostojewski kurten hier. Für betuchte Gäste aus dem Zarenreich errichtete man 1874–1876 am linken Ufer der Lahn diese zauberhafte Badekirche zum Gedenken an die Zarin Alexandra Fjodorowna (Prinzessin Charlotte von Preußen), der Gemahlin des Zaren Nikolaus l. Sie wurde nach dem Vorbild der Christi Erlöserkirche in Moskau als byzantinischer Kreuzkuppelbau errichtet. Vier blaue Zwiebelkuppeln (die Farbe Blau symbolisiert dabei die Weisheit Gottes) säumen die vergoldete Zentralkuppel und sorgen für viel russisches Flair. Schönstes Bildnis der Ikonostase ist eine Darstellung der Auferstehung Christi des berühmten russischen Kriegsmalers Wassily Werestschagin.
>> Wilhelmsallee 12, www.ruskirche-bad-ems.de (nur russisch)

2 RUSSISCHE KOLONIE ALEXANDROWKA, POTSDAM
Ein ungewöhnliches Geschenk

Um 1826 ließ Friedrich Wilhelm III. 13 Fachwerkhäuser errichten. Und zwar für die in Preußen verbliebenen Mitglieder eines leibeigenen russischen Militärchors, den Zar Alexander nach dem Sieg seiner Truppen über Napoleon dem König zum »Geschenk« gemacht hatte. Mit ihren dunklen Holzbohlen, Schnitzwerk, Balkonen und Blumenschmuck wirken sie tatsächlich wie russische Blockhäuser. Die Gartenanlage mit Alleensystem in der Form eines Andreaskreuzes schuf Peter Joseph Lenné. In der Alexander-Newski-Kirche von 1829 auf dem Kapellenberg, die wertvolle Ikonen bewahrt, feierte die russische Gemeinde ihre orthodoxen Gottesdienste. Ein kleines Museum im aufwendig restaurierten Haus 2 gibt einen Einblick in das frühere Leben der Kolonie, die jetzt zum Weltkulturerbe Potsdam gehört.
>> www.alexandrowka.de

Warme Füße nach russischem Rezept

Durch den russischen Winter kommt man nur mit einem Paar warmen Filzstiefeln, auf russisch »Walenki«, was tatsächlich nichts anderes als »durch Filzen hergestellt« bedeutet. Temperaturen bis zu Minus 30 °C können sie trotzen – jedoch keiner Nässe. Deswegen trägt man über die Walenki immer noch wasserdichte Galoschen. Wenngleich die deutschen Winter nicht ganz so frostig sind wie die sibirischen, kann man sich das russische Rezept gegen kalte Füße auch nach Hause holen, zum Beispiel unter http://filzstiefel-walenki.de/ – hier gibt es sogar Exemplare mit dichter Sohle. Wenn man dann mit seinem eigenen Paar Walenki durch die schneebedeckten Wälder stapft, wird man sich direkt ein wenig ins ehemalige Zarenreich versetzt fühlen.

 RUSSISCHES HAUS, BERLIN

Russland auf andere Art kennenlernen

Die kurz vor dem Mauerfall eröffnete Einrichtung »Russisches Haus« gilt als bedeutendstes Zentrum der offiziellen russischen Kulturvermittlung in Deutschland. Geboten werden klassische Konzerte, Filmvorführungen, Ausstellungen und Russischkurse. Auch der Wissenschaft widmet man sich durch Konferenzen, Diskussionen und Co. Obendrein kann man im Russischen Haus Seiten des Landes kennenlernen, die einem verborgen bleiben, wenn man das russische Lebensgefühl nur in einer Flasche Wodka sucht.
>> Friedrichstr. 176-179, 10117 Berlin, www.russisches-haus.de

KINO KROKODIL, BERLIN

RMU – Russisch mit Untertiteln

Seit 2004 zeigt das Kino Krokodil Filme aus Russland, West- und Osteuropa, darunter sowjetische Klassiker, Dokumentarfilme und viele Neuerscheinungen. Statt Popcorn knabbern die Zuschauer an Suschki. Zu diesen harten russischen Kringel trinkt man am besten schwarzen Tee. Angeschlossen ist ein Filmverleih, sodass man auch zuhause in die Filmwelt Russlands und Osteuropas eintauchen kann.
>> Greifenhagener Str. 32, 10437 Berlin, www.kino-krokodil.de.

Glück im Garten

Wie den Finnen ihre »Mökki«, den Norwegern ihre »Hytta«, so den Russen ihre Datscha. Dabei ist das Ferienhäuschen mehr als nur der Ort, an dem man Sommerwochenenden verbringt. Es ist ein Lebensgefühl: Das Pläuschen über den Zaun mit den anderen »Datschniki«, das Genießen der selbstgepflanzten Erdbeeren, das Einrichten mit speziellen Datschenmöbeln und -textilien, für viele ist auch Kindheit untrennbar mit den Ferien auf der Datscha verbunden. Besonders in der DDR ließ man sich von der Begeisterung für die Datscha anstecken und so entstanden auch dort zahlreiche Siedlungen mit kleinen Hütten, um die herum Obst und Gemüse gezüchtet wurde. Einen Schrebergarten zu pachten ist heute gar nicht so einfach, denn besonders in Ballungszentren und Städten ist die Nachfrage hoch. Wer nicht zu den Glücklichen gehört, die einen Kleingarten pachten, muss allerdings nicht komplett auf das russische Lebensgefühl beim Gärtnern verzichten. Plattformen wie Datschlandia vermitteln beispielsweise Kontakte zu Gartenbesitzern, die gerne bereit sind, den Garten zu teilen. Im Gegenzug hilft man bei den Aufgaben mit, die eine Datscha mit sich bringt.

 RUSSENDISKO, ROTER SALON IN DER VOLKSBÜHNE BERLIN

Eine etwas andere Weihnacht

Eine inzwischen heißgeliebte Berliner Weihnachtstradition ist die Russendisko mit Wladimir Kaminer im Roten Salon, frei nach der Partyprogrammatik: »Werft die Gläser an die Wand, Russland ist ein schönes Land!« Wie Kaminer selbst sagt: Eigentlich kann jeder bei sich in der Küche eine tolle Russendisko machen, es geht so: alkoholische Getränke und Salzgurken kaufen, schnelle lustige Musik auf volle Lautstärke drehen, Fenster aufmachen, Freunde und Nachbarn einladen, fertig!
>> www.volksbuehne.berlin

 BIRKENWÄLDER, LÜNEBURGER HEIDE

Lüneburger Taiga

Unzählige Mythen ranken sich um die endlosen russischen Birkenwälder, so soll es unter anderem Glück bringen, Birken zu umarmen. Sogar direkt neben dem Moskauer Kreml wurde vor wenigen Jahren ein Birkenwäldchen angelegt. Mit ihren schlanken weißen Stämmen und ihrem zartgrünen Blätterdach vermitteln sie echtes Taiga-Feeling. Die schönsten Birkenwälder Deutschlands findet man in der Lüneburger Heide. An ein Gemälde aus der Moskauer Tretjakow-Galerie erinnern die Wäldchen Birkenbank, Totengrund und die Misselhorner Heide.

 RUSSISCHE GESCHÄFTE IN BERLIN UND MÜNCHEN

Alles für die russische Küche

»Ledo« ist ein Berliner Supermarkt für russische Lebensmittel und Waren aus russischer Produktion. Hier findet man Buchweizen, Sguschjonka (gezuckerte Kondensmilch), Tworog (russischer Quark) und Wobla (getrockneter Süßwasserfisch). Münchner kaufen Feinkost aus Russland, Weißrussland, Armenien und der Ukraine im Ladengeschäft »Russischer Standard«. Hier gibt es auch eine tolle Auswahl an Matrjoschkas, aus Holz gefertigte und bunt bemalte, ineinander schachtelbare, eiförmige russische Puppen.
>> Ledo, Forckenbeckstr. 1, 14199 Berlin, www.ledo-supermarkt.de
>> Russischer Standard, Humboldtr. 23, 81543 München, www.russischer-standard.de

Russian Balalaika Speedfolk

Russische Volksmusik trifft auf Weltraumliebe und Punk – heraus kommt die Berliner Band »Cosmonautix«. 2005 gegründet, entführt sie mit ihrer Musik und den Konzerten mit Balalaika und Geige, teils russischen Texten und traditionellen Liedern ins volkstümliche Russland, gleichzeitig sorgen Einschläge aus Ska, Metal und Rock, sowie die kreativen Kostüme dafür, dass die Auftritte schräge Partys werden, bei denen man gemeinsam abhebt. Und wie würden die Kosmonauten rund um Frontman »Captain« Morgan Nickolay selbst diesen Stilmix bezeichnen? »Russian Balalaika Speedfolk« lautet die Antwort.

8 RUSSKAJA BANJA, UHINGEN

Eine warme Wohltat

Der Besuch eines traditionellen Schwitzbads zählt zu den unabdingbaren Russlanderfahrungen. Eine besonders schöne russische Blockhaussauna findet man in Uhingen (Bodenseekreis). Errichtet wurde sie mit Edelhölzern und hochwertigem Naturstein. Es duftet nach Bienenwachs, Hanf und Leinöl, sauniert und gebadet wird auf Topniveau, und natürlich dürfen die Birkenreisigquasten, mit denen sich die pudelnackten Gäste gegenseitig (sanft!) abklopfen, nicht fehlen.

>> Kirchstr. 24, 73066 Uhingen, www.roessle-uhingen.de/rusbanja

9 JARMARKA, BAD SALZUFLEN

Wo Wodka in Gramm gemessen wird

Der größte russische Jahrmarkt Deutschlands findet jährlich an Pfingsten statt. Zahlreiche Künstler und Musiker aus den ehemaligen GUS-Staaten unterhalten das Publikum, es wird viel getanzt. Die Gäste lassen sich Schaschlik, Cheburek, Pelmeni, Lyulya-Kebab, Pilaw und andere Delikatessen schmecken, und natürlich wird so manches Glas Wodka dazu gekippt: »Stogramma« natürlich (100 Gramm!).

>> Messehalle 20, Benzstr. 23, 32108 Bad Salzuflen, www.jarmarka.de

Latha math!

SCHOTTLAND

Die Schotten mögen zwar den Ruf der Sparsamkeit haben, mit Lebensfreude geizen sie allerdings nicht. Im sächsischen Trebsen kann man jeden September den inneren Highlander in sich entdecken, Baumstämme und Steinblöcke werfen, auf eigene Gefahr herausfinden, was ein echter Schotte unter dem Rock trägt und whiskyselig den Genuss eines authentischen schottischen Haggis überleben. Für echtes deutsches Schietwetter gibt es ebenfalls eine schottische Lösung, nämlich Tweed, der inzwischen auch an der Mosel produziert wird. Und wer sich mal kurz in einen Harry-Potter-Film hineinträumen will, guckt auf das Ruhr Viadukt zwischen Herdecke und Hagen-Vorhalle, das tatsächlich an die Originalbrücke beim Örtchen Glenfinnan erinnert.

1 HIGHLAND GAMES, TREBSEN

Schottische Traditionen im Komplettpaket

Am dritten Septemberwochenende verwandelt sich der englische Landschaftsgarten um Schloss Trebsen vor den Toren von Leipzig in ein schottisches Tollhaus: Bei den von der schottischen Whiskymarke Talisker gesponserten Highland Games treten Pipe-Bands, Musikgruppen bestehend aus Dudelsackspielern und Trommlern, aus ganz Europa gegeneinander an. Ihr großer Einmarsch und das gemeinsame Musizieren auf dem Festplatz erinnert an das feierliche Royal Edinburgh Military Tattoo, das größte Musikfestival Schottlands. Kräftige Männer und Frauen sind gefragt: beim typisch schottischen Baumstammwerfen, Steinstoßen, Seilziehen oder Whiskyfassrollen. Dazu gibt's drei Tage Folkmusik der Spitzenklasse sowie Irish Step Dance und schottische Militärtänze. Ebenfalls unterhaltsam anzusehen sind Schauschafehüten, Falknershow, Hochlandrinder zum Anfassen, Hundeshow, Kiltmaker und Dudelsackbauer. Mutige probieren Haggis, das schottische Nationalgericht. 300 Whiskysorten sind im Angebot, falls man sich mit dieser Spezialität übernommen hat: Magen eines Schafes, der mit Herz, Leber, Lunge, Nierenfett vom Schaf, Zwiebeln und Hafermehl gefüllt und mit Pfeffer scharf gewürzt wird!

>> www.highlandgames-trebsen.de

2 SCOTTISCH HIGHLANDER GUESTHOUSE, MAUTH

Den Tag auf schottische Art beginnen

Englische Bed and Breakfasts muss man in Deutschland nicht lange suchen, aber wo kann man ein richtiges schottisches Frühstück genießen? Zum Beispiel am Tor zum Bayerischen Wald, im Scottish Highlander Guesthouse. Neben Würstchen und dem berühmt-berüchtigten Black Pudding besteht ein »full scottish breakfast« aus Porridge, gebratenen Pilzen und Tattie Scones. Letztere kann man ohne weiteres auch gut selbst herstellen: Außer gekochten Kartoffeln, Mehl, einer Prise Salz und Butter zum Anbraten braucht man nichts, um die optisch an Pfannkuchen erinnernde Spezialität zuzubereiten. So holt man sich den Geschmack Schottlands ganz einfach ins eigene Heim.

3 MOSELTWEED MOSELKERN

Inselfest gekleidet

Für ihr Wetterproblem haben die Schotten die richtige Antwort gefunden: Tweed, der auf den windgepeitschten Inseln Harris und Lewis, wo man noch mehr gälisch als englisch spricht, in den gedämpften Farben der dortigen Heide gewebt wird. Heute werden leichtere Tweeds bevorzugt und auch von britischen Modeschöpfern der Avantgarde verarbeitet. Moment, nur britische? Das sieht Moselkernerin Brigitte Pappe nicht ein: Mit ihrer Idee MoselTweed – hochwertiges und nachhaltig produziertes Tuch aus heimischer Schafwolle – hat sie 2018 einen Kreativpreis gewonnen. Deutsche Tweed-Designer können also loslegen.

>> www.moseltweed.de

 **4** WITTEN, HOFHEIM AM TAUNUS, MÜNCHEN

Mehr als rumdudeln

Wer nicht nur den Geschmack Schottlands, sondern auch seinen Klang zu schätzen weiß, kommt an einem Instrument nicht vorbei: Die Great Highland Bagpipe ist das Nationalinstrument schlechthin. Wer selbst ein Piper, also Dudelsackspieler, werden möchte, braucht dafür nicht nach Schottland reisen. Viele Spieler und Bands in Deutschland bieten Unterricht an, oft auch online. Zu Beginn wird dabei zunächst mit dem sogenannten Practice Chanter die Handhabung geübt, bevor es an den Dudelsack geht. Kurse werden zum Beispiel von Björn Frauendienst (https://www.ruhr-piper.de/dudelsackspielen-lernen/), in der Dudelsack Akademie (https://www.dudelsack-akademie.de/) oder von den Claymores Pipes and Drums (https://www.c-p-d.de/band/unterricht/) angeboten.

Schottischer Wind in der deutschen Musik

Musik ja gerne, aber Dudelsack eher nicht der Favorit? Kein Problem, schottische Klänge kann man auch anders nachfühlen. Zum Beispiel mit der Konzert-Ouvertüre »Die Hebriden« des deutschen Komponisten Felix Mendelssohn Bartholdy. In der ersten Fassung nannte er sie sogar noch die »Ouvertüre zur einsamen Insel«. Inspiriert wurde er bei einer Reise nach Schottland, die ihn auch auf die Innere Hebrideninsel Staffa führte. Richard Wagner trifft es gut, wenn er sagt, Mendelssohn sei ein erstklassiger Landschaftsmaler. Denn wenn die Oboen über die anderen Instrumente hinweg anheben, klingt es wie der schottische Wind, der über die rauen Wellen des Meeres streicht.

Hejsan!

SCHWEDEN

Es gibt wohl nur einen Ort, an dem schwedisches Lebensgefühl nicht positiv besetzt ist, nämlich hinter »schwedischen Gardinen«. Aber die heißen auch nur so, weil die Gitter der Gefängniszellen früher aus besonders robustem Schwedenstahl gefertigt wurden. Viel sympathischer geht es auf dem Schwedenfest in Wismar zu, bei dem natürlich Schmackhafteres gereicht wird als der berüchtigte »Schwedentrunk« aus dem Dreißigjährigen Krieg. Kinder denken bei Schweden gerne an Nils Holgerssohns Flug mit den Wildgänsen nach Lappland. In der Düffel genannten Naturlandschaft zwischen Kleve und Nijmegen kann man die faszinierenden Vögel im Winter beobachten. Ob sie auch schwedisch schnattern?

① IGLU LODGE, OBERSTDORF

Luxus in Schnee und Eis

Als »coolstes Hotel« der Welt wird das 200 Kilometer nördlich des Polarkreises in Lappland gelegene Icehotel gern bezeichnet. Zugegeben, die Gästezimmer des Hotels im nordschwedischen Dorf Jukkasjärvi sind wahre Kunstwerke aus Eis, doch inzwischen buchen Gäste aus ganz Europa auch gerne das Igludorf am Nebelhorn im Herzen des Allgäus, das dem schwedischen Original in nichts nachsteht. Die besonders romantische Iglu-Suite des deutschen Pendants bietet sogar einen Whirlpool, der perfekt isoliert ist, um die eisige Pracht nicht zum Schmelzen zu bringen. Man schläft – ganz skandinavisch – auf Rentierfellen und blickt in den sternenklaren Winterhimmel des meist tiefverschneiten Oberallgäus. >> www.iglu-lodge.de

② DÜFFEL, KLEVE

Zu Besuch bei Akka, Martin und Co.

Jedes Kind kennt die von Selma Lagerlöf erzählte Geschichte von der fantastischen Reise, die der kleine Nils Holgersson auf dem Rücken des Hausgänserichs Martin mit den Wildgänsen nach Lappland unternahm. Wenn arktische Wildgänse im Winter zu Tausenden an den Niederrhein fliegen, kann man die Nachfahren von Akka von Kebnekaise, der Leitgans der Erzählung, auf der für die Vögel stressfreien »Gänsesafaris« der örtlichen NABU-Station hautnah beobachten: bei ihren faszinierenden Flügen im Keilformat und natürlich beim Futtern und Schnattern auf den grünen feuchten Saatwiesen. Von Anfang November bis Ende Februar überwintern bis zu 50 000 Gänse, vor allem Bläss- und Saatgänse, aber auch seltenere Arten wie Weißwangengänse in der Düffel genannten Naturlandschaft zwischen Kleve und Nijmegen.

③ BAYERISCHE ALPEN
Den Sommer feiern

Nicht erst seit IKEA ist das schwedische Midsommar über die Grenzen hinweg bekannt. Es ist der Inbegriff schwedischer Tradition – doch nicht nur dort wird die Sommersonnenwende gefeiert. Auch in einigen deutschen Regionen wird sie in der zweiten Junihälfte traditionell zelebriert, meist unter der Bezeichnung Johannistag. Wie in Schweden werden dann Kränze oder Sträuße aus Wildblumen und Kräutern gebunden, Bäume geschmückt, es gibt traditionelles Essen, Feuer werden gezündet und es wird gemeinsam getanzt. Besonders schön sind die Sonnwendfeiern in den bayerischen Alpen.

④ FIKA, MÜNCHEN
Die bessere Kaffeepause

Neben »Lagom« ist auch »Fika« ein Lebensgefühl, das so einfach nicht übersetzt werden kann – denn schlicht »Kaffeepause« dazu zu sagen wäre viel zu schnöde. Eine Fika machen heißt für 15 bis 30 Minuten gemütlich zusammensitzen, einen Kaffee zu trinken, eine Zimtschnecke (oder wahlweise ein anderes Gebäck) zu genießen und eine gute Unterhaltung dabei zu führen. Eine solche Entschleunigung auf schwedische Art kann man zwar überall unternehmen (und vor allem wie die Schweden zu jeder Tageszeit!), einen besonders schönen Rahmen bietet dafür das Münchner Café »Fika«. Der Name ist Programm: Inmitten der Wohnzimmeratmosphäre mit schwedischem Design – übrigens kann man die Möbel und Accessoires hier auch kaufen, wenn sie einem gut gefallen – kann man sich Kaffee und Zimtschnecke oder Kuchen schmecken lassen, am besten mit lieben Freunden.

>> Nymphenburger Str. 25, 80335 München, www.fika.is

WISMAR

Die vielleicht schwedischste Stadt Deutschlands

Alter Schwede! So heißt das um 1380 errichtete Backsteinhaus an der Ostseite des Marktplatzes von Wismar. Keine andere deutsche Stadt war so lange Teil eines nicht deutschsprachigen Staates wie Wismar: 1632 zogen die Schweden in die Stadt ein, und erst seit 1903 gehört Wismar wieder endgültig zu Mecklenburg. Im Fürstenhof von 1553, der den mecklenburgischen Herzögen als Sommerresidenz gedient hatte, richteten die neuen Machthaber das höchste schwedische Gericht für die Besitzungen in Norddeutschland ein. Von der langen Schwedenzeit kündet auch das mächtige barocke Zeughaus an der Ulmenstraße unweit des Alten Hafens. Schwedische Touristen kommen heute gern auf Spurensuche nach Wismar – und natürlich auch, um gemeinsam mit den Einwohnern das alljährliche Schwedenfest zu feiern.

>> www.schwedenfest-wismar.de

Die goldene Mitte der Schweden

Wenn die Mutter von Emil (im Deutschen »Michel«) aus Lönneberga Köttbullar macht, müssen sie »Lagom stora, lagom runda och lagom bruna« sein – also genau richtig groß, genau richtig rund und genau richtig braun. Lindgren verrät dabei weniger das ideale Rezept für die bekannten Fleischklöße, als vielmehr ein typisch schwedisches Konzept. »Lagom« ist schwer zu übersetzen, meint aber die goldene Mitte, das »genau richtig«, weder zu viel, noch zu wenig. Nach dem dänischen Hygge ist Lagom ein neuer Trend, der aus Skandinavien kommt und auch hier in Deutschland Einzug hält. Und das beste: Man kann ihn überall finden. Denn diese Balance kann man sowohl in der eigenen Wohnung schaffen, als auch in der Art, Essen zu kochen oder seinen Kleiderschrank auszustatten. Statt Überfluss oder Minimalismus geht es um den bedachten Umgang, Qualität statt Quantität, Funktionalismus statt bloßer Dekoration. Und diese Zufriedenheit durch Balance gilt genauso im Arbeits- und Familienleben oder dem menschlichen Miteinander. »Lagom är best«, pflegen die Schweden zu sagen: »Das richtige Maß ist am besten.«

¡Hola!

SPANIEN

Die Sonne scheint zwar in Deutschland nicht bei Tag und Nacht, aber das tut sie in Spanien ja auch nur in dem berühmten Urlaubslied. Spanisches Lebensgefühl kann man hierzulande bei einem Flamenco-Kurs in Mannheim erleben oder bei spanischer Fächerkunde in Berlin. Inbegriff von »La vida española« ist es, im Kreis vieler Freunde in einer Bar Tapas und Pintxos zu genießen. Zu den kleinen Leckerbissen passen ein Rioja, ein katalanischer Cava oder ein andalusischer Manzanilla-Sherry immer vorzüglich – allesamt Weinsorten aus Spanien. Mit selbst gemachter spanischer Erdmandelmilch kann man valencianische Momente genießen. Apropos Mandeln: Rosafarbene Blütenträume gibt es nicht nur zwischen Mallorca und Teneriffa, sondern auch in der Pfalz, nur eben einen Monat später.

1 | **FLAMENCO-STUDIO RENATE WAGNER, MANNHEIM**

Andalusiens Seele

Rhythmen und Gesang des Flamencos wurden von den Roma und Sinti von Indien über Ägypten und weitere arabische Länder nach Andalusien gebracht. Der Flamenco ist eine Form des Ausdrucks, des Schmerzes, der Liebe und der Sehnsucht. »Flamenco tanzt man nicht mit den Füßen, sondern mit dem Herzen.« Das ist das Leitmotiv von Renate Wagner, die bei der großen »Mariquilla« María Guardía Gomez lernte, dass der Flamenco keine Unterschiede zwischen Herkunft, Alter oder Nationalität kennt. Jetzt leitet Renate das einzigen Lehrinstitut für Flamencotanz in Deutschland, das die Anerkennung des Lehrstuhls für Flamencokunde der Universidad Granada besitzt. Flamenco-Ausbildung auf höchstem Niveau also, was nicht heißt, dass nicht auch begeisterte Anfänger mal in einen Workshop hineinschnuppern und authentisch andalusische Atmosphäre genießen können. Die Schule in Mannheim (www.flamenco-renate-wagner.de) vermittelt aber auch Auftritte von Flamencogruppen – darunter internationale Flamenco-Stars – für die eigene Feier. Und man tanzt hier immerhin ein Weltkulturerbe! Authentische Flamencokostüme bekommt man in der Kölner »Casa Flamenca« (www.casaflamenca.de), vorzügliche Flamencogitarren bei »Mundo Flamenco« in Freiburg (www.mundo-flamenco.com).

Valencias Knollen-Erfrischung

Wer schon einmal in Spanien war, kennt sie wahrscheinlich, die herrlich erfrischend schmeckende »Horchata de chufa« (Erdmandelmilch), die in jeder valencianischen Bar serviert wird. An heißen Tagen schmeckt sie besonders gut. Spanische Restaurants in Deutschland führen sie nicht oft, jedenfalls nicht frisch zubereitet. Man kann sie aber leicht selber herstellen. Erdmandeln, auch Chufa oder Tigernuss genannt, sind keine Mandeln, sondern Knollen der Zyperngräser, und überzeugen mit ihrem leicht süßlichen, vanilleartigen Geschmack. Man bekommt sie in Bioläden. Wer sich die Arbeit mit dem Einweichen und dem Mörser ersparen will, greift gleich zu Erdmandelmehl, geröstet oder ungeröstet. Für einen Liter Erdmandelmilch benötigt man 250 Gramm Erdmandelmehl, 125 Gramm Rohrzucker, eine halbe gewürfelte Zitrone und einen Liter Wasser. Das alles wird vermengt und mit dem Stabmixer zu einem Mus püriert, das dann über Nacht zieht. Dann lässt man den Sud durch ein feines Sieb laufen, fügt eventuell noch etwas Zimt und Vanille hinzu, und serviert ihn eisgekühlt. Und plötzlich ist die kleine Bar in Valencia ganz nah!

HANDFÄCHER CANELA, BERLIN

Die geheime Sprache der Fächer

Der typisch spanische Fächer, genannt »abánico«, ist weit mehr als ein modisches Accessoire eleganter Señoras und Señoritas, die sich damit an heißen Sommertagen Luft zufächeln. In Spanien entwickelte sich einst eine ganz eigene Fächersprache, mit der junge, von ihren Müttern streng bewachte Mädchen bei entsprechender Gelegenheit unauffällig mit ihren Verehrern kommunizierten und sogar geheime Treffen vereinbarten. Auch kokette Ehefrauen wussten die Vorzüge des Fächers zu schätzen: Jede winzige Bewegung hatte ihre eigene Bedeutung. Für diese Fächersprache gab es sogar spezielle Akademien. Die wahrscheinlich größte Auswahl in Deutschland führt »Handfächer Canela« in Berlin. Im Sommer präsentiert das Geschäft die Kunst des Fächers auf dem Designermarkt am Hackeschen Markt, auf dem Mexikoplatz oder in der Berliner Kunstallee vis-à-vis Schloss Charlottenburg.
>> www.handfaechercanela.com

 PFALZ

Zartes Frühlingserwachen

Sie ist ein echter Traum, die Mandelblüte auf Mallorca und Ibiza, in Andalusien und auf den Kanarischen Inseln. Ein maurischer Prinz soll die ersten Mandelbäume Spaniens gepflanzt haben, um das Heimweh seiner aus dem schneereichen Atlasgebirge stammenden Gefährtin zu lindern. In der Pfalz waren zwar keine Mauren am Werk, trotzdem kleidet auch hier der Lenz die Landschaft in ein zauberhaftes luftiges Rosa, nur eben ein paar Wochen später als in Spanien. Gefeiert wird die Mandelblüte vom 1. März bis zum 14. April mit zahlreichen Veranstaltungen. Nachts erstrahlen die Burgen und Schlösser in einer rosa Lichtsinfonie. Auch der 77 Kilometer lange Pfälzer Mandelpfad zwischen Bad Dürkheim und Schweigen-Rechtenbach zeigt sich dann von seiner schönsten Seite. Im malerischen Weindorf Gimmeldingen feiert man schon im März Deutschlands erstes Weinfest, mit über 1500 blühenden Mandelbäumen.

 INSTITUTO CERVANTES, MÜNCHEN

Hola im Hofgarten

Das 1991 vom spanischen Staat in der Münchner Residenz eingerichtete Spanische Kulturinstitut bietet weit mehr als die Möglichkeit, die Sprache des berühmten Autors von Don Quijote zu lernen. Beeindruckend sortiert ist die frei zugängliche Bibliothek, die auch so gut wie jeden lateinamerikanischen Schriftsteller von Rang führt. Die kulturellen Veranstaltungen, von Lesungen über Konzerte bis hin zu Filmvorführungen, nutzt die spanische und lateinamerikanische Gemeinde gern, um bei einem Glas Rotwein und Tapas zu plaudern.
>> Alfons-Goppel-Str. 7, München, www.munich.cervantes.es

TAPAS UND PINTXOS, MÜNCHEN

Häppchenweise Spanien kosten

Tapas, die kleinen spanischen Leckerbissen, sind so beliebt, dass man in Spanien dafür sogar das »tapear« erfunden hat. Man zieht dabei von Bar zu Bar, um sich die jeweils besten, mit marktfrischen Zutaten zubereiteten Häppchen schmecken zu lassen: eingelegte Oliven, in Speck gewickelte Datteln, Hähnchen in Knoblauch, luftgetrockneter Schinken, kleine gebackene Tintenfische, Nierchen oder Venusmuscheln in Sherry, gebackene Champignons, Tortillas, Zicklein oder Seeteufel. Eigentlich soll man von den Leckereien nicht satt werden, sie dienen dazu, ein Gläschen zu trinken und mit Freunden zu plaudern. »Vamos al tapeo« geht in Sevilla, wo man an jede Ecke eine Tapas-Bar findet, natürlich leichter als in Deutschland, darum führen deutsche Tapas-Bars eine besonders große Auswahl, die in einer langen Reihe am Tresen ausgestellt wird. Sehr andalusisch ist die Atmosphäre in Münchens ältester Tapas Bar »La Tasca Flamenca« (Mettinghstrasse 2, www.latascaflamenca.com), bei »Itxaso« (Pestalozzistraße 7, www.itxaso.de) gibt es die baskische Version, genannt »pintxos«, die in der Regel noch etwas raffinierter zubereitet werden.

BAYERN

Immer der Muschel nach

Hunderttausende Pilger wandern inzwischen jedes Jahr den berühmten »Camino Francés« von Roncesvalles nach Santiago de Compostela. Aber eine alte Pilgerweisheit besagt: »Der Jakobsweg beginnt vor deiner Haustüre.« Schließlich konnte man ja früher nicht erst mit dem Flugzeug nach Spanien fliegen, um die letzte Strecke zu Fuß zurückzulegen. Inzwischen entdeckt man das gelb-blaue Muschelsymbol überall in Deutschland, denn es sind sage und schreibe 30 Jakobswege ausgewiesen. Und man muss ja nicht gleich die gesamte Strecke laufen. Pilgerherbergen gibt es auf den deutschen Wegen nur selten, dafür stets gemütliche Pensionen, und manchmal darf man auch beim Bauern im Heustadel den Schlafsack ausbreiten. Überlaufen ist kein Weg, auch der vielleicht schönste nicht: der Beuroner Jakobsweg in Baden-Württemberg.

>> www.via-beuronensis.de

Heita

Südafrika, so bunt und facettenreich wie sein Dekor, das auch in deutschen Wohnzimmern immer beliebter wird. Wer sich echtes südafrikanisches Lebensgefühl nach Deutschland holen möchte, der muss das »braaien« lernen. Die südafrikanische Version des Grillens verbindet die Unterschiede von Kulturen. Dazu braucht man lediglich einen Braai – im Prinzip ein auf Stützbeinen aufgebocktes Grillrost –, das es längst auch hierzulande zu kaufen gibt und das in Südafrika mitunter sogar auf Gehwegen aufgestellt wird. Befeuert wird mit lang glühendem Holz, nicht mit Holzkohle. Jetzt fehlen nur noch gutes Fleisch oder Gemüse, Chakalaka-Würzsauce, südafrikanischer Wein und jede Menge Freunde!

Bunte Strandhütten

Eigentlich haben die bunten Hummerbuden von Helgoland wenig mit den viktorianischen Badehäuschen am Strand von Muizenberg an der False Bay zu tun. Aber die Ähnlichkeit sorgt definitiv für etwas südafrikanisches Flair mitten in der Nordsee. Und wenn man dann am Strand sitzend die Augen schließt und dem Meeresrauschen lauscht, ist Südafrika zumindest vom Gefühl her nicht mehr weit entfernt.

Südafrika für Zuhause

Südafrikanisches Dekor, Upcyling Kunst und handgemachte Wohnaccessoires aus Südafrika: Das alles bietet das Berliner Einrichtungshaus Cape Times. Der kleine Showroom von Benjamin Rüggeberg aus Johannesburg ist längst Geschichte, in den Lagerräumen im Norden Berlins ist einfach viel mehr Platz für die schönen Antikmöbel im Cape-Dutch-Style. Ein echter Renner sind die Bilderrahmen von Luna Designs aus Südafrika. Sehr hübsch sind auch das Keramikgeschirr von Wonki Ware, die Porzellantassen von Janice Rabie und die Stofftiere von Kenana Knitters. Damit man auch im Stadtzentrum zumindest einige Schätze begutachten kann, haben Freunde von Benjamin den Coffee Room (www.coffeeroom. berlin) in der Saarbrücker Str. 30 eröffnet. Hier gibt's auch feines Olivenöl und Weine aus der Kapregion.

>> www.capetimes.de

Nationalsport Grillen

So viele Nationen schwören auf ihre Art, Fleisch über Kohle zuzubereiten: In den USA ist es das Barbecue – in Südafrika Braai. Besonders am Heritage Day, dem 24. September, treffen sich alle zum Grillen mit Freunden oder Familie, nicht selten wird der Tag bereits als National Braai Day bezeichnet, so tief verwurzelt ist die Tradition. Und was genau ist das Besondere? Zum einen wird über Holzkohle gegrillt, und zwar keiner fertig gekauften, sondern selbstgemachter. Auch der Braai-Grill selbst unterscheidet sich im Aufbau von deutschen Grills. In Deutschland kann man sich mittlerweile auch originale Braais kaufen, für ein Austesten des südafrikanischen Grill-Feelings kann man sich aber erst einmal bei der Wahl des Grillguts von Südafrika inspirieren lassen. Neben Rind oder Lamm landet in Südafrika auch Kudu- oder Springbockfleisch auf dem Rost. Und Braaibrotjies! Diese Spezialität sind gegrillte Sandwiches mit Tomaten, Käse, Zwiebeln und Chutney – letzteres kann auch ganz einfach selbst zubereitet werden. Dazu ein Glas südafrikanischen Wein und schon wähnt man sich inmitten der Regenbogennation. Übrigens wird beim Braai immer erst alles fertig gegrillt, bevor man mit dem Essen beginnt – je länger ein Braai dauert, desto mehr gesellige Zeit hat man mit seinen Freunden.

3 WIREWORK CONTEMPORARY SOUTH AFRICAN HAND CRAFT, BERLIN

Faire Kunst – echtes Handwerk

Kunsthandwerk aus Südafrika, oft aus recyceltem Material, gibts bei Wirework, eine Design- und Handwerk-Plattform für fair produzierte Produkte aus nachhaltigen Gemeinschaften. Besonders attraktiv sind handgenähte bunte Püppchen der Ndebele, bedruckte Baumwolltücher einer Frauengruppe aus der Provinz Gauteng im Norden Südafrikas, bunte Schalen aus Pappmaché und recycelten Sardinenverpackungen eines Xhosa-Projekts, Deckelkörbe der Zulu aus Ilala-Palmenblättern, fein geflochtene Schalen aus Telefondraht der Selbsthilfegruppe »Wirework« aus Kwazulu-Natal, Kunst aus Papier und Draht von Melvin Mabaka, Perlen-Tiere aus Kapstadts Townships und bestickte Baumwollkissenbezüge des Stammes der Shangaan in der Provinz Limpopo.
>> www.wirework.de

Jambo

TANSANIA

Mit der berühmte Kinodokumentation »Serengeti darf nicht sterben« machten Michael Grzimek und dessen Vater Bernhard 1959 das deutsche Publikum mit der faszinierenden Tierwelt im Schutzgebiet um den Ngorongoro-Krater vertraut. Heute kann man Nashörner und Elefanten auf – fast – freier Wildbahn im niedersächsischen »Serengeti Park« bestaunen, am besten beschuht mit den innovativen, aus alten Autoreifen hergestellten afrikanischen Sandalen von Sole Rebels. Tansania, mit einer Prise Salz? Bei Heringen (Werra) nahe der hessischthüringischen Grenze erhebt sich der »Monte Kal« oder »Kalimandscharo«, eine weithin sichtbare weiße Kalihalde. Ob sie Hemingway inspiriert hätte?

① SERENGETI PARK

Von A wie Antilope bis Z wie Zebra

Für alle kleinen und großen Tierliebhaber, die für eine Safari nicht nach Tansania fahren können oder wollen, bietet der riesige Freizeitpark im niedersächsischen Hodenhagen neben über 40 Fahrgeschäften faszinierende Begegnungen mit der Tierwelt Afrikas. Die Serengeti-Safari kann man mit dem eigenen Wagen fahren und dabei auf Tuchfühlung mit Giraffen, Zebras, Gnus, Antilopen, Löwen, Breitmaulnashörner und Elefanten gehen. Außerdem gibt es eine »affenstarke« Dschungel-Safari. Obwohl man sich mitten in Niedersachsen befindet, fühlt man sich hier direkt in die weite Landschaft der »richtigen« Serengeti versetzt.

>> www.serengeti-park.de

② SOLE REBELS, HAMBURG

Schuh-Innovationen aus Tansania und Äthiopien

Massai in Tansania tanzen nicht immer barfuß – heute trifft man sie auch mit innovativen Sandalen an den Füßen, hergestellt aus alten Autoreifen. Diese clevere Art des Recyclings hat man auch in Äthiopien aufgegriffen. Dort gründete Bethlehem Alemu 2004 ihr eigenes Unternehmen »Sole Rebels«. Die dort produzierten Schuhe besitzen ebenfalls eine Sohle aus ausgedienten Autoreifen, und kommen ansonsten im bunten Ethno-Look aus Baumwolle und Jute daher. Stylisch und sogar fair trade! Seit ein paar Jahren kann man in der ersten deutschen Filiale in Hamburg St. Pauli die Schuhe von »Sole Rebels« kaufen – oder von überall im Onlineshop. Und dann kann man ein Stück afrikanischen Erfindergeist spazieren führen.

>> www.solerebels.de

สวัสดีค่ะ / สวัสดีครับ

Savadee ka(p)

THAILAND

Einen echten thailändische Tempel im Schneegestöber? Im Land des Lächelns nicht möglich, dafür aber im Münchner Westpark! Aber auch so hat Deutschland jede Menge Thai-Zauber zu bieten. Kulinarische Highlights werden – seit Kurzem ordentlich geregelt – von den Garküchen im Berliner Preußenpark geboten. Richtig zur Sache geht es bei den Boxkämpfen der Muay Thai Academy Wernau. Danach fühlt sich eine klassische Thai-Massage, die man in Innsbruck auch professionell erlernen kann, gleich doppelt so gut an! Jede Menge »Sanuk«, die thailändische Version des »Spaßhabens«, bietet auch Deutschlands größtes Thai-Festival in Bad Homburg. Hier kuren die Könige Thailands schon seit über hundert Jahren.

1 THAI SALA IM WESTPARK, MÜNCHEN

Ferner Osten im Westpark

Der zauberhafte kleine Thai-Tempel im Münchner Westpark erinnert ein wenig an den Pavillon im traditionellen Rattanakosin-Stil des Sommerpalasts von Bang Pa In südlich von Ayutthaya am Chao Phraya Fluss, der mit Vorliebe Tourismusplakate Thailands ziert. Er steht auf einer Plattform und spiegelt sich dekorativ im Münchner Westsee. Die neun Meter hohe Sala schützt eine Buddha-Statue. Geschaffen hat sie der Kunstschnitzer Noppadol Khamlae. Seinerzeit war sie das erste freistehende Buddha-Heiligtum in Europa. Zusammen mit einer nepalesischen Pagode sowie einem chinesischen und japanischen Garten, allesamt im Zuge der Internationalen Gartenbauausstellung 1983 angelegt, bietet der Westpark zauberhafte asiatische Impressionen, wenn die Kirschbäume blühen ebenso wie im Herbst, wenn das Orange des Herbstlaubs die feinen Goldverzierungen der Sala zitieren. Im Grau des Winters, wenn Eisschollen auf dem See treiben, setzt die Sala einen leuchtenden Kontrapunkt. Anfang Mai findet hier das Vesakh-Fest statt, das bedeutendste Fest im buddhistischen Jahreskalender. Dann feiern die Münchner den Geburtstag des Erleuchteten mit vietnamesischem Löwentanz, thailändische Tänzerinnen und einer gemeinsamen Lichterprozession rund um die Thai Sala. Eine weitere Kerzenprozession der in traditionellen Kostümen gewandeten Mitglieder des »Wat Thai Munich« findet am 1. Tag des abnehmenden Julimondes anlässlich des Khao Phansa Fests statt, das die buddhistische Fastenzeit einläutet.

2 THAI WIESE, PREUSSENPARK, BERLIN

Feuriges Picknick

Seit Jahrzehnten schon treffen sich an Wochenenden zahlreiche in Deutschland lebende Thailänder im Preußenpark (Brandenburgische Straße) – gutes Wetter vorausgesetzt – zum größten »thailändischen Picknick« Deutschlands. Eine kulinarische Offenbarung, denn hier kann man viele Leckerbissen der thailändischen Garküchen probieren, ohne nach Bangkok reisen zu müssen. Lediglich zwei Ausdrücke sollte man sich merken: »Jimm dai mai?« heißt »Darf ich probieren?«, und »Pet mai?« (»nicht scharf?«) entspricht wiederum einer Brandschutzversicherung. Lautet die Antwort »Mai pet« (»nicht scharf«), ist man auf der (weitgehend) sicheren Seite, denn pikant ist das Gericht oft immer noch, anders als die allgegenwärtige »Ente in Curry« des Schnellrestaurants um die Ecke. »Pet pet« (»sehr scharf«) ist eine Warnung, die nur Feuerschlucker ignorieren sollten. Aufmerksame Köchinnen werden den leichtsinnigen Farang – das ist die in Thailand gängige Bezeichnung für Menschen mit weißer Hautfarbe – aber meist energisch von seinem Abenteuer abhalten. Falls nicht, wird der ersten Bissen für viel »Sanuk« (Spaß) bei den umstehenden gebürtigen Thailändern sorgen, bis der fürsorglich gereichte Reis seine lindernde Wirkung entfaltet. Also Achtung vor dem himmlischen guten Papayasalat!

 KAMPFSPORT CENTER, MÜNCHEN UND MUAY THAI ACADEMY, WERNAU

Nichts für zarte Seelen

Wer einmal einen der großen Thaiboxkämpfe in den Bangkoker Stadien Lumpini und Ratchdamnoen gesehen hat, fängt vielleicht Feuer und fragt sich: Gibt's das nicht auch in Deutschland? Ja, gibt es, aber Muay Thai ist eine der härtesten Sportarten der Welt und nicht zu vergleichen mit dem westlichen Kickboxen, denn beim Muay Thai sind auch Knie- und Ellenbogenstöße erlaubt. Schmerzen oder zumindest blaue Flecke sind garantiert. Schließlich ist Muay Thai eine 2000 Jahre alte und für Thailand seit über 500 Jahren bezeugte Kampftechnik »mit den acht Gliedmaßen«, die man früher im Krieg anwendete, wenn man nicht mehr auf Speere und Schwerter zurückgreifen konnte. Vor dem Kampf findet die rituelle Verneigung (wai kru) vor dem Trainer und dem Geist des Boxrings statt, gefolgt von einem langsamen »Tanz« (ram muay), der die Kräfte der vier Elemente in den Körper ziehen soll. Gleichzeitig dient die Zeremonie als Warm-Up. Ein Schutzamulett am Bizeps darf auch nicht fehlen. Der (zumindest in Thailand) von Musik eines Phipat-Orchesters begleitete Fight geht über fünf Runden à drei Minuten. Über den Sieg entscheiden Punkte oder Knockout. Im Münchner »Kampfsport Center« (www.kickboxen-deutschland.de) kann man bei einem kostenlosen Probetraining austesten, ob man der Herausforderung des Muay Thai gewachsen ist. Besonders authentisch trainiert man in der Muay Thai Academy Wernau (www.muaythaiacademy.de)

Schmerzende Wohltat

Das Wichtigste vorweg: Die klassische Thai-Massage hat rein gar nichts mit Erotik zu tun. Dafür wird man sich aber im Nachhinein um einiges gelenkiger fühlen. König Rama III. war von seinen Masseuren so begeistert, dass er vor 200 Jahren sämtliche streng festgelegten Griffe der Nuat Phaen Boran, der klassischen Thai-Massage, als Tempelfiguren des Wat Pho in Bangkok in Stein gravieren ließ. Aber auch hierzulande kann man sich von oft an der berühmten Massageschule des Wat Pho ausgebildeten Profis dehnen und drücken lassen. Dies ist zunächst meist schmerzhaft, aber mit jeder Massage stellt man fest, dass man beweglicher wird. Die klassische Thai-Massage beruht auf dem Prinzip, dass viele physischen und psychischen Probleme ihre Ursache in der Blockierung der zehn Energielinien (sip sen) haben. Der Masseur stimuliert mit Händen, Füßen, Fersen, Knien und Ellbogen in den überdehnten Gliedmaßen Druckpunkte, löst die Blockierung, bewirkt Entgiftung und stellt die Balance im Körper wieder her. Die Massage findet auf einer Matte oder Matratze statt, der Massierte schlüpft am besten in lockere Kleidung. Öle kommen bei der traditionellen Massage nicht zur Anwendung, es gibt aber auch Massagen ohne Dehnungen mit duftenden Jasmin- und Zitronengrasessenzen. Dieses Wohlfühlprogramm wird im Berliner »Thai Silk Massage & Spa« in Perfektion zelebriert (www.thai-silk.de). Man kann die Grundprinzipien der Thai-Massage auch in Deutschland lernen, zum Beispiel bei Joachim Schulz, der auch ein Thai-Massage Arbeitshandbuch verfasst hat (www.nuad-deutschland.de). Wer aber den absolut gleichen Kurs wie im Wat Pho mit Originalzertifikat absolvieren möchte, muss ausnahmsweise Deutschland verlassen, denn diese bietet bislang europaweit nur die Nuad Thai Massage Schule in Innsbruck und Wien an (www.nuad-thaimassage-aus bildung.at). Allgemeine Informationen über die Thai-Massage findet man unter
>> www.thai-spa-verband.de

258

4 WELLNESSDORF SAGASFELD, LÜNEBURGER HEIDE

Der saubere Schnitt

In der Küche Thailands wird millimeterfein geschnitten, anderes grob zerhackt, und vieles zerrupft oder geknickt. Schauen Sie also Wannaporn Stehr genau auf die Finger, wenn Sie einen Kochkurs bei ihr im für sein tolles Thai-Büffet am Donnerstag bekannten Wellnessdorf Sagasfeld (www.sagasfeld.de) gebucht haben, denn Thai-Küche hat viel mit Technik und Ökonomie zu tun. Thai-Gerichte benötigen meist nur wenige Zutaten: Der Pfiff liegt im Gleichgewicht der Geschmacksrichtungen sauer, scharf, salzig und süß. Diese zu beurteilen und herzustellen erfordert eine profunde Kenntnis der erforderlichen Zutaten und gekonnte Handgriffe. Zu kompliziert? In der separaten Disziplin »Food Carving« sind Thailänder ungeschlagene Weltmeister! Mit Rosen aus Tomaten oder Chrysanthemen aus Möhren wird man Zuhause seine Gäste nicht minder beeindrucken als mit einem gelungenen Curry. Wannaporn leitet die erste deutsche Thai-Carvingschule und bietet an jedem zweiten Wochenende im Monat im Wellnessdorf einen Workshop für das traditionelle »Kae sa luk« (»der saubere Schnitt«) an.

>> www.thaicarving.eu

5 THAI-FESTIVAL, BAD HOMBURG

Der Dank eines genesenen Königs

Die Suche nach Deutschlands größtem Thai-Festival hat in Südhessen ein Ende. Das dortige Bad Homburg pflegt nämlich eine besondere Beziehung zum Land des Lächelns. Die zwei Thai-Salas im Kurpark, golden leuchtenden und reich verzierten Pavillons, erinnern daran, dass 1907 der kranke siamesische König Chulalongkorn in Bad Homburg erfolgreich kurte. Die erste Sala stiftete der genesene dankbare König selbst, die zweite schenkten König Bhumibol und Königin Sirikit 2007 zum hundertsten Jahrestag der Kurstadt. Diese Sala wurde direkt an der »Chulalongkorn-Quelle« errichtet. Viele in Deutschland lebende Thailänder begehen jedes Jahr feierlich den Todestag des noch heute verehrten siamesischen Monarchen Chulalongkorn an den Salas. Das zweitägige Thai-Festival wartet mit verschiedensten Attraktionen auf, die so auch in Thailand geboten werden: Über 50 Stände mit Thai-Food, thailändische Musik, gespielt mit traditionellen Instrumenten, klassische Tanzdarbietungen und Volkstänze sowie authentische Muay-Thai-Vorführungen. Außerdem kann man traditionelle, farbenfroh gemusterte Webarbeiten der Bergvölker Nordthailands sowie exquisite Blumengebinde erwerben: Diese »Puang Malai« genannten kunstvollen Girlanden und Gestecke aus Jasmin, Frangipani, Orchideen und anderen Blumen dienen in Thailand als Opfergabe. Man kann aber auch eine traditionelle Thai-Massage genießen oder den Obst- und Gemüseschnitzern bei ihrer kunstfertigen Arbeit zuschauen.

>> www.thai-festival-bad-homburg.de

Merhaba!

TÜRKEI

Als Kurfürst Carl Theodor im Schwetzinger Schlossgarten die »Rote Moschee« errichten ließ, und der Märchenkönig Ludwig II. sich in den »Türkischen Saal« des Königshauses am Schachen zurückzog, um sich wie ein orientalischer Sultan zu fühlen, hätte man sich wohl nicht träumen lassen, dass Berlin mal zur »zweitgrößten türkischen Stadt auf der Welt« avancieren würde. Auf dem Türkenmarkt am Maybachufer liegen Istanbul und Ankara wirklich zum Greifen nahe. Hier, aber nicht nur hier wird schnell klar, dass der Döner nicht das einzige und schon gar nicht das wichtigste kulinarische Geschenk der Türkei an Deutschland war. Einzelheiten bespricht man am besten im Hamam, dem traditionellen türkische Dampfbad.

① TÜRKENMARKT, BERLIN

Orientalischer Flair mitten in Berlin

Kreuzberg und Neukölln werden längst scherzhaft »Klein-Istanbul« genannt, und spätestens am Dienstag und Freitag, wenn am Maybachufer der Türkenmarkt abgehalten wird, herrscht in der Hauptstadt wirklich orientalische Basaratmosphäre. Tausende Farben und Düfte strömen auf den Besucher ein, Tomaten, die wirklich nach Tomaten schmecken, und feurige Chilischoten türmen sich im vorderen Teil Richtung Kottbusser Damm zu appetitlichen Pyramiden, Metzger verkaufen ihr Fleisch natürlich halal (nach dem islamischen Ritus geschlachtet), Gewürz- und Teehändler preisen ihre Ware an, Kräuter gibt es nicht stängel- sondern büschelweise, Damen wühlen sich durch das Angebot an glitzernden Hijabs und klimpernden Bauchtanztüchern, und Essensstände locken mit türkischen Delikatessen: Frischgebackene Gözleme mit Spinat und Käse, Oliven in unzähligen Varianten und Marinaden, klebrig-süße, Baklava genannte, mit gehackten Nüssen, Pistazien und Sirup gefüllte Blätterteigpasteten oder Lokum, oft mit »türkischem Honig« verwechselt, mit Walnuss, Pistazie, Mandel oder Rosenwasser, aber auch Sucuk-Wurst und Falafel. Und alles wird lautstark begutachtet, beschnuppert, betastet und bemäkelt, bevor das Feilschen beginnt. Wie kommt man hin? Mit der scherzhaft »Orient-Express« genannten U-Bahn bis zum Cottbusser Tor.

>> www.tuerkenmarkt.de

Basarknigge beim Teppichhändler

Es muss ja nicht gleich einer der berühmten Seidenteppiche aus Hereke, Kum-Kapu oder Kayseri sein, für die schon mal fünfstellige Beträge aufgerufen werden. Aber da haben Sie im kleinen türkischen Teppichladen diesen hübschen Nomadenteppich entdeckt, der perfekt ins Wohnzimmer passt. Und nun? Das Spiel beginnt mit einem strahlenden »hoş geldiniz« (»Seien Sie fröhlich angekommen«) des Händlers, worauf man mit der Antwort »hoş bulduk« (»wir haben uns fröhlich eingefunden«) Eindruck schindet. Die nächsten Stunden werden viele Tassen Tee und Einsichten in die prekären Familienverhältnisse des Händlers begleiten, die selbstverständlich mit noch traurigeren Schicksalen des Kaufinteressenten zu kontern sind. Auf Knotendichte ist zu achten, Fäden werden verbrannt, denn echte Wolle riecht nach verbranntem Haar, ein angefeuchtetes Tuch auf dem Teppich verrieben, um zu sehen, ob die Naturfarbe hält. Und wenn sich die Verhandlungen festgefahren haben? Fragen Sie lächelnd nach, ob der Teppich denn auch fliegen kann, ein idealer Vorwand, um »empört« noch mal den Preis zu drücken! Auch wer nichts kauft, wird mit einem »güle güle« verabschiedet: »Geh lachend«.

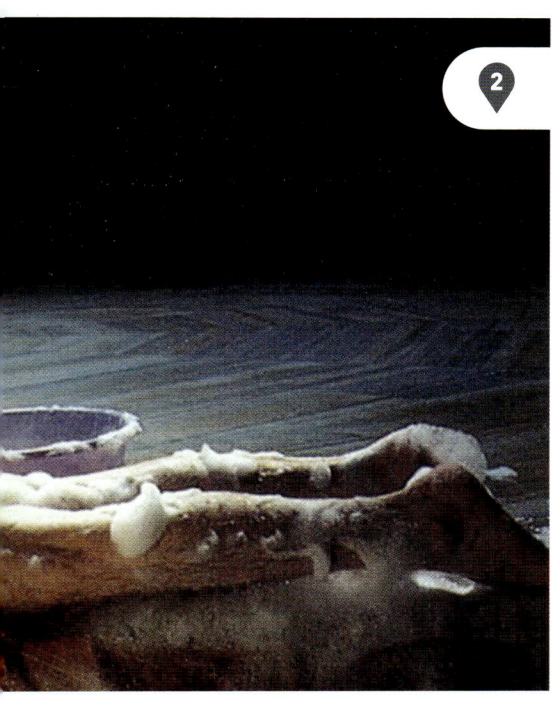

② HAMAMS IN MÜNCHEN, HAMBURG, BERLIN
Mit allen Wassern gewaschen

Das traditionelle türkische Dampfbad soll nicht nur der Reinigung des Körpers, sondern auch des Geistes dienen. Ein türkischer Hamam ist eine Stätte der Begegnung, der Erholung und der kosmetischen Pflege, an der man Geschäfte tätigen, Heiratsabsprachen treffen oder einfach nur entspannen kann und seine Anwendungen genießt. Die Hamam-Zeremonie findet in drei unterschiedlich temperierten Räumen statt. Zunächst tauscht man die Straßenkleidung gegen ein Peştemal genanntes Wickeltuch. Nach dem Umkleiden wäscht man sich unter der Dusche den Staub ab. Im Dampfbad entspannen sich dann bei einer Raumtemperatur von 50 bis 60 °C die Muskeln, die Poren der Haut öffnen sich und der Wasserdampf reinigt die Atemwege. Anschließend reibt der Telak genannte Badeknecht mit einem Wasch- und Peelinghandschuh aus Ziegenhaar, dem Kese, den Körper ab. Wasser wird mit bereitstehenden Kupferschalen aus dem Marmorbecken (Kurna) geschöpft und im Sitzen über den Körper gegossen. Von Kopf bis Fuß mit warmem Wasser abgespült legt man sich dann auf das beheizte, »Nabelstein« (göbektasi) genannte Marmorpodest. Nun folgt die entspannende Seifenschaummassage und weitere Wassergüsse. Im Kälteraum darf sich der Gast dann bei einem traditionell gebrauten Tee abkühlen und entspannen. Ein authentisches Dampfbaderlebnis garantieren unter anderem der osmanische »Mathilden Hamam« in München (www.hamam.de), »Das Hamam« in Hamburg (www.das-hamam.de) und der Sultan Hamam in Berlin (www.sultanhamamberlin.de).

③ YENIDZE, DRESDEN
Moschee ohne Muezzin

Eine ehemalige Tabakfabrik mit fantasievollem orientalischen Stil, die mit der farbig verglasten Kuppel und dem als Minarett getarnten Schornstein von außen wie eine Moschee wirkt: Kein Wunder, dass die Dresdner dieses Schmuckstück »Tabakmoschee« tauften. Ihren Werbezweck erfüllte die Fabrik zweifellos. 1996 wurde sie umfassend saniert. Im vorderen »Kuppelteil« ist das Kuppelrestaurant mit dem höchsten Biergarten Dresdens untergebracht, und direkt unter der Kuppel werden Märchen aus 1001 Nacht erzählt, und gelegentlich finden auch Bauchtanzveranstaltungen statt.
>> www.yenidze.eu

4 KÖNIGSHAUS AM SCHACHEN

Orientalische Träume bayerischer Monarchen

Das 1869–1872 errichtete, 1866 Meter hoch am Berg Schachen südlich von Garmisch-Partenkirchen im Wettersteingebirge gelegene Königshaus wirkt von außen wie ein etwas zu verspieltes Schweizer Chalet in einsamer Berglandschaft. Der Türkische Saal im Obergeschoss wurde dagegen nach dem Vorbild eines historischen Saals im Palast von Eyüp bei Istanbul gestaltet. Hier lebte der Märchenkönig Ludwig II. seine Phantasien als bayerischer Sultan aus: ein zentraler Springbrunnen, ein edler Teppich, vergoldete Wandschnitzereien, Pfauenfedern, kunstvoll bestickte Hocker und Divane, emaillierte Vasen, prunkvolle Lüster und große Glasfenster mit bunten Ornamenten. Wenn Ludwig hier seinen Geburts- und Namenstag am 25. August feierte, mussten Diener als »Lebende Bilder« in orientalischer Kleidung Wasserpfeife rauchen und Tee trinken. Auch in Neuschwanstein zeigt sich Ludwigs Vorliebe für Orientalisches: So erinnert der in Blau und Gold gehaltene Thronsaal an einen byzantinischen Kuppelbau, welcher der berühmten türkischen Moschee Hagia Sophia nachempfunden ist.
>> www.schloesser.bayern.de

5 MOSCHEE IM SCHWETZINGER SCHLOSSGARTEN

Architektur der Toleranz

Die weltweit einzige erhaltene Gartenmoschee, mit der Schwetzingen seit Jahren um die Aufnahme als Weltkulturerbe buhlt, war eigentlich mehr Spleen als Gotteshaus: Sie ist der sogenannten »Türkenmode« des 18. Jahrhunderts entsprungen und sollte sich einfügen in das allegorische Gartenprogramm des kunstfreudigen und sinnenfrohen Kurfürsten Carl Theodor (1724–1799). Seine neuesten Ideen übermittelte er seinen Baumeistern und Gartenarchitekten Nicolas de Pigage und Friedrich Ludwig Sckell stets mit einem leutseligen »Will er mir das machen?« Pigage machte, und so entstand ab 1776 die »Rote Moschee« im Garten des Schwetzinger Schlosses. Los ging es mit dem »Jardin Turc«, der Moscheebau mit Minaretten folgte. Gedacht war er nicht für Gottesdienste, sondern als Ausdruck der Toleranz gegenüber allen Religionen und Kulturen der Welt. Die Fassade erinnert an die Karlskirche in Wien. Aber die ist ja ebenfalls der »Türkenmode« zu verdanken.
>> www.schloss-schwetzingen.de

Szia!

UNGARN

Ungarische Lebensfreude, da denken ältere Semester gerne an die Operette »Die Csárdásfürstin« von Emmerich Kálmán, vielleicht auch an die als »Mulatschak« bezeichnete ausgelassene Feier aus den Sissi-Filmen, bei denen am Ende die Gläser an die Wand fliegen, oder gar an Piroschka. Anderen fällt zu Ungarn sofort das schafe Paprika-Gulasch ein. Die Paprika wird inzwischen auch in Baden-Württemberg angebaut, und wer ungarische Traditionen und Trachten bewundern möchte, ist bei den Veranstaltungen der Donauschwaben in Ulm und Reutlingen gut aufgehoben. Csárdás tanzen kann man da auch, und wer nach drei Gläsern feurigen Tokajers noch immer »Hódmezővásárhelykutasipuszta« korrekt aussprechen kann, darf sich schon fast als echter Ungar bezeichnen.

① SINGEN
Pilotprojekt Paprika

Paprikafelder wohin das Auge reicht, so stellt man sich Ungarn vor, und echte ungarische Paprika gehört natürlich in jedes feurige Gulasch. In Deutschland führte der Paprikaanbau dagegen ein Schattendasein, klimatisch bedingt. Ein paar Plastikfolientunnel vielleicht, das war's. Doch jetzt wird in einem Gewächshaus mit einer Fläche von 17 Fußballfeldern im Schatten der Singener Hegauvulkane, Deutschlands wärmster Ecke, die eigentlich aus Südamerika stammende Tomatenart angebaut. Drei Millionen Kilo der schmackhaften Schoten wollen die fünf Mitglieder der Reichenauer Gärtnersiedlung jährlich ernten: rote, grüne, gelbe und orangefarbene. Die ersten gibt es nunmehr exklusiv von März bis November bei EDEKA zu kaufen, und sie schmecken tatsächlich so gut wie in Ungarn, nicht wie die eher faden Erzeugnisse aus den Niederlanden.
>> www.reichenauer-gaertnersiedlung.de

Ungarn aus der Sicht eines Poeten

Christina Viragh, Schriftstellerin und Übersetzerin, sagte einst über Sándor Márai, er vermochte nicht nur das Lebensgefühl der Ungarn zu erfassen, sondern es gar mitzugestalten. In Deutschland ist er allerdings kaum bekannt, obwohl er sogar zu Beginn auch auf Deutsch publizierte. Doch das sollte einen nicht davon abhalten, sich von ihm ins Ungarn des 20. Jahrhunderts entführen zu lassen und mit Werken wie »Bekenntnisse eines Bürgers« dem Lebensgefühl des Autors und der Nation nachzuspüren.

2 ULM

Nach Ungarn und wieder zurück

Am Südgiebel des Münsters ist das Fresko der »Ulmer Schachtel« zu sehen, ein ausschließlich in Ulm gezimmertes Flussschiff, auf dem donauschwäbische Händler im Mittelalter bis hinunter zum Schwarzen Meer fuhren. Auch die Banater Schwaben gelangten so ins heutige Ungarn. Sie werden als deutschsprachige Minderheit häufig zu den Donauschwaben gerechnet und ihr Siedlungsgebiet erstreckt sich über die Landesgrenzen hinweg. Eine farbenfrohe Angelegenheit ist das traditionelle Begegnungsfest von 10 000 Banater Schwaben zu Pfingsten in Ulm mit bunten Trachten und Blaskapellen. An die Geschichte der Ulmer Schachtel erinnern die abenteuerlichen schwimmenden Untersätze, mit denen die Ulmer Ende Juli am »Schwörmontag« den fröhlichen Wasserfestzug »Nabada« begehen. Eine schöne Tradition, die alle Kulturen, die deutsche und die ungarische, für Jedermann erlebbar macht und das Band zwischen ihnen stärkt.

3 REUTLINGEN

Tanzen wie die Donauschwaben

Authentischen Csárdás tanzen, das macht die Donauschwäbische Tanz- und Folkloregruppe Reutlingen mit Leidenschaft, und das seit über 40 Jahren. Auf Volksfesten und Trachtenumzügen zeigt sie Folkloretänze der Ungarn und überlieferte Tänze der Donauschwaben, natürlich in schönen Trachten. Wer mitmachen will, ist herzlich willkommen!

>> www.tanzgruppe-reutlingen.de

Hello!

USA

Born in the USA? Oder doch in Good Old Germany? Die Ortschaft »Amerika« gibt es in Deutschland gleich mehrfach, und im niedersächsischen Kreis Wittmund ist es von dort nur einen Kilometer nach »Russland«. Die Sylter Dünenstrände erinnern an Massachusetts, der Spreewald bietet einen Hauch Everglades ohne Alligatoren, die Saarschleife lässt an einen grünen Grand Canyon denken. Auch den Indian Summer bekommen Deutschlands Wälder ganz gut hin. NASCAR-Fans pilgern zum American Fan Fest in Hockenheim, vergnügungssüchtige Cineasten in den Bottroper Movie Park Germany, echte Cowboys in die Westernstadt Pullman City im bayerischen Eging am See. Natürlich wird in Deutschland auch feiner Blues und ruppiger American Football gespielt!

① SYLTER ELLENBOGEN

Gut genug, um als Amerika durchzugehen

Die Filmcrew von Roman Polański war begeistert. Am Sylter Ellenbogen sieht es doch fast genauso aus wie auf Martha's Vineyard. Auf der Promi-Insel vor der Südküste von Cape Cod im US-Bundesstaat Massachusetts hätte der polnische Filmemacher »The Ghostwriter« gerne gedreht, konnte es aber wegen langjähriger Probleme mit der US-Justiz nicht. Denn so positiv die Kritiken für seine Filme oft ausfallen, so umstritten ist er als Person, seitdem er in mehreren Missbrauchsfällen angeklagt wurde. Auf Sylt durfte er jedoch drehen. Bei echtem Schietwetter, das es im Winter auf Martha's Vineyard natürlich genauso grau und nass gibt wie auf Sylt, entstanden die Strandszenen des Politthrillers. Die Listlandstraße bekam sogar amerikanische Telefonmasten verpasst, und als Hotelkulisse diente das »Fährhaus« in Munkmarsch. Auch die dänischn Nachbarinsel Rømø wurde originalgetreu umdekoriert. Bei sommerlichem Sonnenschein frappiert die Ähnlichkeit der amerikanischen und deutschen Dünensteilküsten sogar noch mehr. Nur stehen am Ellenbogen natürlich keine Luxusvillen, sondern nur zwei Leuchttürme, davon einer mit Deutschlands nördlichsten Ferienwohnungen.

② SAARSCHLEIFE, SAARLAND

Kurvige Gewässer

So manche USA-Kenner lassen sich beim Anblick der waldgesäumten Saarschleife zu vielleicht etwas kühnen Vergleichen wie »Deutschlands Grand Canyon« hinreißen. Am ehesten erinnert diese Laune der Natur an den Horseshoe Bend des Colorado River in Arizona. Nun ja, der berühmte, steil aufragende Aussichtsfelsen »Cloef« bei Orscholz, dessen hartes Taunusquarzit die Saar einst zu ihren Umwegen zwang, ist zwar längst nicht so hoch wie sein amerikanisches Pendant. Dafür ist die Saarschleife viel grüner, und einen Baumwipfelweg mit dieser tollen Aussicht sucht man in Arizona vergeblich.

3 NEUSCHWANSTEIN

Ein bayerischer König in der Unterhaltungsindustrie

Für die einen ist es das Sinnbild für den Bayerischen Märchenkönig Ludwig II., für die anderen ist es mit ganz anderen Märchen verbunden: Mit Cinderella, mit Dornröschen,… – kurzum, mit Walt Disney. Immerhin beginnt jeder Disney-Film mit seinem Logo, zu dem er sich bei einem Besuch von Schloss Neuschwanstein inspirieren ließ. Ludwigs Märchenschloss fand somit auch zahlreiche Nachbildungen in den Disneyparks dieser Welt und nicht zuletzt sorgen amerikanische Touristen auf Neuschwanstein für etwas American Feeling.

4 DOWNTOWN MOTEL, BERLIN

American dreaming

In Müggelheim, das zu Treptow-Köpenick gehört, bietet das Downtown Motel echtes amerikanisches Flair in sechs Zimmern, die in authentischen US-Themen gestaltet sind. Das »Diner« mit Burger und Fingerfood wird Fans von Betty Boop und Coca Cola begeistern, im »California Room« kommt Beach Feeling auf, Autofans buchen den »Garage Room«, Zocker den »Las Vegas Room«, und im »Route 66 Room« fährt man einrichtungsmäßig von Santa Monica nach Chicago. Natürlich darf die Außentreppe, die zu den Zimmern führt, nicht fehlen. In der angeschlossen Downtown-Garage könnte man auch gleich seinen Cadillac aus den 1950er-Jahren restaurieren lassen oder sich mit jedem nur erdenklichen Ersatzteil rund um die legendären V8-Motoren eindecken.
>> Müggelheimer Damm 267, 12559 Berlin, www.downtowngarage.de

5 HAINICH

Farbenrausch der Bäume

Indian Summer wie in Vermont? Dafür muss man nicht unbedingt über den großen Teich fliegen. Im Westen Thüringens, zwischen Mühlhausen, Bad Langensalza und Eisenach, vermittelt der Nationalpark Hainich – Deutschlands größter zusammenhängender Laubwald – mit über 30 Laubbaumarten den ganzen Zauber des von der Rotbuche beherrschten Walds, in dem man auch Bergahorn, Vogelkirsche und Elsbeere findet. All diese Bäume beginnen im Oktober zu glühen, und man kann die ganze Pracht bequem auch von oben auf einem Spaziergang betrachten: Seit 2009 schlängelt sich nämlich ein 530 Kilometer langer Baumkronenpfad in zwei Schleifen auf 44 Metern Höhe durch die Wipfel. Auch der »Germanische Kultpfad«, der acht vorchristliche Heiligtümer vorstellt, beflügelt im Hainich die Phantasie. Obwohl die Wikinger ja eigentlich bis Vermont gekommen sein sollen.

Lebensgefühl vom Grill

Klar, auch in Deutschland grillt man gerne. Aber ein richtig amerikanisches Barbecue (BBQ) ist etwas mehr als »nur« Grillen. Es ist eine regelrechte Kunst, die es zu beherrschen gilt. Das fängt bereits beim Einkauf an: Wer ein typisches BBQ plant, braucht keine Bratwürste besorgen, denn in den USA kommt fast nur Steak auf den Rost. Und auch die Zubereitung unterscheidet sich vom Grillen, denn beim BBQ werden die – in der Regel deutlich größeren Fleischstücke als beim Grillen – durch heißen Rauch gegart, bei einer niedrigeren Temperatur also. Barbecue bezeichnet übrigens sowohl die Methode des Zubereitens, als auch das Endresultat, und das Event an sich – und alles drei ist fest mit der Identität der Amerikaner verbunden. Wenn man ein paar Regeln beachtet, die man zahlreich im Internet findet.

 **SPREEWALD**

Gurken statt Krokodile

Zugegeben, Krokodile gibt es in Brandenburgs grünem Wasserlabyrinth nicht, aber auf Mücken wie in den Everglades von Florida braucht man im Spreewald nicht zu verzichten, zumindest im Sommer. Stundenlang kann man mit dem Kanu oder Kajak, fernab der touristischen Kahnrennstrecken, auf weit verzweigten, sehr verschwiegenen Seitenarmen der Spree rudern, Eisvögel bewundern und die Lichtspiele der durch das Blätterdach blinzenden Sonne genießen. Im Winter ist sogar oft Schlittschuhlaufen auf zugefrorenen Kanälen möglich – in den Everglades kann man davon nur träumen. Und natürlich von den Spreewald-Gurken.

7 ALPSPIX

Aussichten (fast) wie in Amerika

Die Aussicht vom Grand Canyon Skywalk ist zugegebenermaßen schon beeindruckend, die Gebühr, die Touristen für das Betreten der über den Rand des Canyons hinausragenden Plattform aus Stahlträgern mit gläsernen Bodenplatten und Geländern abgeknöpft wird, aber auch. Doch auch Bayern kann so ein luftiges Abenteuer bieten, zwischen »Himmel und Höllental«, wie die Werbung dichtet. Der stählerne Steg thront an die tausend Meter über der Tiefe, der Talgrund des Skywalks ist wesentlich niedriger. Am vorderen Ende sind die rund 25 Meter langen Stege sogar verglast: Schwindelfreie genießen ein fantastisches Panorama: Zugspitze, Waxensteine, Alpspitz-Nordwand und hinunter ins wilde Höllental. Um einiges zugänglicher als der Skywalk ist der AlpspiX auch. Man fährt bequem mit dem Zug nach Garmisch und schwebt dann in einer Gondel zur Bergstation der Alpspitzbahn. Von dort sind es nur noch wenige Minuten zur Aussichtsplattform. Etwa 26 Euro kostet der Spaß, Bergbahn inklusive.
>> www.gapa.de

8 FRANKFURTER SKYLINE

Von Bankfurt zu Mainhattan

»Mainhattan« nennt man Deutschlands Hochhausstadt, und doch können sich erfahrene USA-Reisende nicht ganz entscheiden, ob sie sich eher an New York oder an Chicago erinnert fühlen sollen. Bei Sonnenuntergang sorgen die Glasfassaden für ein ganz eigenes rosa-gelb-orangenes Leuchten, das den Fußgänger umfängt, wenn er auf der Kaiserstraße vom Hauptbahnhof in die Stadt geht. Den wohl schönsten Blick auf die Frankfurter Skyline hat man von der Flößerbrücke. Sie verbindet die Innenstadt mit Sachsenhausen. In der Abenddämmerung setzen sich Frankfurts Glaspaläste besonders eindrucksvoll in Szene, mit der Ignatz-Bubis-Brücke im Vordergrund. Wer das Panorama lieber von oben genießt: Der Main Tower ist das einzige Hochhaus Frankfurts mit Aussichtsplattform. Von 198 Meter Höhe blickt man auf den höchsten Wolkenkratzer Deutschlands, den 259 Meter hohen Commerzbank Tower. Das Lichtermeer fest im Blick kann man den Abend auf luftiger Höhe unterhalb der Aussichtsplattform in einem Restaurant oder einer Cocktailbar ausklingen lassen.

9   BLAUTOPF, BLAUBEUREN
Die Schönheit der Physik

Das unglaublich tiefblaue Leuchten von Deutschlands zweitgrößter Karst-quelle erinnert an das intensive Farbenspiel der Grand Prismatic Spring im Yellowstone Nationalpark, ohne die schwefelgelben und rostroten Akzen-te wohlgemerkt. Dafür wohnt eine berühmte Nixe, die »schöne Lau«, in der Quelle, um die sich amüsante Legenden ranken. Im 71 Grad heißen Wasser der Grand Prismatic Spring würde es keine Nixe aushalten, wäh-rend der Blautopf ein Paradies für erfahrene Höhlentaucher ist. Auch das Hinkommen ist viel einfacher: Mit dem Zug ist es nur eine gute Stunde von Stuttgart nach Blaubeuren in der Nähe von Ulm. Und warum ist der Blautopf blau? Durch die besondere Lichtstreuung an im Wasser befindli-chen Kalkpartikeln – reine Physik also.

10   ALTSCHLOSSFELSEN, PFÄLZERWALD
Rot glühender Stein

Die Instagrammer haben die etwa 1,5 Kilometer lange Felsengruppe im Gemeindegebiet von Eppenbrunn an der Grenze zu Frankreich längst ent-deckt: Tatsächlich glühen die bis zu 30 Meter hohen Buntsandsteintür-me und -wände fast so eindrucksvoll wie der im Navajo-Reservat gelegene Antelope Canyon in der Nähe von Page in Arizona. Eine Gebühr wie in den USA gibt es nicht zu entrichten, auch mit gefährlichen Sturzfluten ist nicht zu rechnen. Im Frühjahr sind die Lichtspiele am eindrucksvollsten, die teilweise durchsteigbaren Felsenrisse, an denen seltene Flechten wach-sen, sorgen für fantastische Lichteinfälle.

11   SEQUOIAFARM, NETTETAL-KALDENKIRCHEN
Baumriesen im Entstehen

Mammutbäume gibt es nicht nur in Kalifornien! In den 1950er-Jahren wurden sie am Niederrhein zum ersten Mal im großen Stil angebaut. Heu-te sind in dieser Parkanlage noch an die hundert der majestätischen Bäume zu bewundern. Zugegeben, mit dem kalifornischen Bergmammutbaum, der nach General Sherman benannt ist, können es die deutschen Sequoias (noch) nicht aufnehmen. Dafür gibt es im Arboretum von Kaldenkirchen auch andere seltene Bäume zu bestaunen, darunter eine Wollemie. Dieser Millionen Jahre alte Nadelbaum galt als ausgestorben und war nur als viele Millionen Jahre altes Fossil bekannt, bis er 1994 in Australien wiederent-deckt wurde. Vom Bahnhof Kaldenkirchen ist es ein gemütlicher einstün-diger Spaziergang zu den grünen Riesen.

>> Buschstr. 98, 41334 Nettetal-Kaldenkirchen, www.sequoiafarm.de

AMERICAN FAN FEST, HOCKENHEIM

Quietschende Reifen, dröhnende Motoren

So schön der Daytona Beach in Florida, an dem der amerikanische Motorsportverband NASCAR (National Association for Stock Car Auto Racing) seine Rennen abhält, auch sein mag: NASCAR-Fans kommen auch am Hockenheim-Ring auf ihre Kosten. Beim »American Fan Fest« liefern sich 400 PS starke V8-Boliden knallharte Rad-an-Rad-Duelle, doch an diesen vier Rennwochenenden der NASCAR Whelen Euro Series (WES) wird Spaß für die ganze Familie geboten: mit großer US-Car-Parade, US-Händermeile & American-Food-Meile, sogar einen Kids Club gibt es.
>> www.hockenheimring.de

MOVIE PARK GERMANY, BOTTROP-KIRCHHELLEN

Filmreif

Mitten im tiefsten Ruhrpott lockt der wohl »amerikanischste« Freizeitpark Deutschlands mit Schwerpunkt Film. Die Fahrgeschäfte (Achterbahnen, Wasserbahnen etc.) und Shows des 1996 von Warner Brothers gegründeten »Hollywood in Germany« sind inspiriert von berühmten Kinoproduktionen wie Avatar und Star Trek. Ob Area 51 (natürlich mit Aliens), The Lost Temple (mit Dinosauriern) oder Van Helsing's Factory (Vampirjagd durch die Dunkelheit): Die Devise lautet »Ein Tag wie im Film«!
>> Warner Allee 1, 46244 Bottrop, www.movieparkgermany.de

WESTERNSTADT PULLMAN CITY, EGING AM SEE

Komm, hol das Lasso raus!

Wildwestfeeling am Rand des Bayerischen Walds zwischen Deggendorf und Passau mit Goldwaschen, Bogenschießen, Ponyreiten, Country Musik, Line Dance und Lagerfeuerromantik. Das riesige Showprogramm ist gewaltfrei und aufregend: Schausteller führen von den Native Americans inspirierte Reitertricks vor, selbst ernannte Cowboys demonstrieren Lasso- und Messerwerfen, Bisons laufen frei herum. Für große und kleine Kinder ein Riesenspaß! Beim »US-Car Weekend« Mitte Juni gibt's traumhaft schöne, auf Hochglanz polierte Straßenkreuzer und US-Bikes zu sehen.
>> Ruberting 30, 94535 Eging am See www.pullmancity.de

15 AMERICAN WHISKEY ACADEMY, MÜNCHEN

Hochprozentige Akademie

Whiskeys aus Amerika, darunter versteht man in Deutschland noch immer in erster Linie die Massenprodukte Jack Daniel's oder Jim Beam. Mike Werner hat sich im ersten Stock seines Lampenladens am Münchner Isartor eine authentische amerikanische Bar eingerichtet, und im Keller lagert vermutlich die größte Auswahl an Bourbons und Ryes in Deutschland. Er führt nicht nur die Klassiker aus Kentucky, darunter Fassstärken von Willett, die inzwischen in vierstelligen Summen gehandelt werden, sondern hat Texas als innovativsten Bourbon State der USA entdeckt. Spitzenmarken wie »Garrison Brothers« oder »Lone Elm« gibt es nur bei ihm. Die 2012 von ihm gegründete »American Whiskey Academy« veranstaltet in seiner Bar erlesene Tastings. Inzwischen schicken die Münchner Luxushotels ihre amerikanische Gäste in Mike's Bar, auch weil dort immer öfter Bands auftreten, die Country und Blues spielen.

>> Tal 42, München, www.americanwhiskeyacademy.de

16 BLUESCLUB BLUES GARAGE, ISERNHAGEN

Das deutsche Zuhause des Blues

Im Juni 2021 durften sie endlich endlich wieder Fahrt aufnehmen, die Musiker, die in Isernhagen Blues vom Feinsten spielen. Yippiee! 400 Besucher passen in die 1999 gegründete Blues Garage, in der junge, nationale Talente, aber auch viele internationale Stars ihr Bestes geben.

>> Industriestr. 3–5, 30916 Isernhagen, www.bluesgarage.de

Quarterbacks und Co.

Die amerikanischen Landsmänner haben sich redlich bemüht, den Deutschen nach dem Krieg für ihre ureigenen Sportarten zu begeistern, aber gegen Fußball anzukämpfen erwies sich als fast unmöglich. Beim American Football, den anfänglich fast nur die US-Soldaten spielten, war der Erfolg immerhin größer als beim Baseball. In den 1980er-Jahren begannen sich immer mehr Deutsche für diesen ruppigen Sport zu begeistern, und TV-Übertragungen des Super Bowls verfolgen heute Millionen. Inzwischen draften US-Profimannschaften sogar direkt Spieler aus Deutschland. Tatsächlich gilt Deutschland als Vorreiter des American Footballs außerhalb der Vereinigten Staaten. Besonders die Frankfurt Galaxy haben viel für die Akzeptanz getan. Mehr als 1000 Zuschauer kommen zu »normalen« Spielen selten, aber die Atmosphäre ist trotzdem grandios. Natürlich gibt es in Deutschland auch eine Cheerleader-Vereinigung!

Register

Bildnachweis

Impressum

© 2022 Kunth Verlag GmbH & Co. KG, München
St.-Cajetan-Straße 41
81669 München
Tel. +49.89.45 80 20-0
Fax +49.89.45 80 20-21
www.kunth-verlag.de
info@kunth-verlag.de

Printed in the EU

Texte: Wolfgang Rössig, Annika Voigt
Redaktion: Anna Eckerl
Layout und Satz: Melanie Beutel, Ute Weber
Bildlektorat: Ulrike Lang, Ute Weber
Verlagsleitung: Grit Müller

FSC MIX Aus verantwortungsvollen Quellen FSC® C127233